William Shakespeare

Dramatische Werke - Timon von Athen

William Shakespeare

Dramatische Werke - Timon von Athen

ISBN/EAN: 9783743642362

Hergestellt in Europa, USA, Kanada, Australien, Japan

Cover: Foto ©ninafisch / pixelio.de

Weitere Bücher finden Sie auf www.hansebooks.com

William Shakespeare's Dramatische Werke.

Uebersetzt
von
Friedrich Bodenstedt, Ferdinand Freiligrath, Otto Gildemeister,
Paul Heyse, Hermann Kurz, Adolf Wilbrandt u. a.

Nach der Textrevision und unter Mitwirkung von Nicolaus Delius.

Mit Einleitungen und Anmerkungen.

Herausgegeben
von
Friedrich Bodenstedt.

Zwölftes Bändchen.

Leipzig:
F. A. Brockhaus.
—
1868.

Timon von Athen.

Von

William Shakespeare.

Uebersetzt

von

Paul Heyse.

Mit Einleitung und Anmerkungen.

Leipzig:
F. A. Brockhaus.
1868.

Einleitung.

„Timon von Athen", zuerst gedruckt in der Folioausgabe 1623 als das vierte Stück in der Reihe der Tragedies, und erst von Rowe in seiner 1709 erschienenen Ausgabe in Acte und Scenen eingeteilt, hat den Freunden und Kennern Shakespeare's schon seit lange auf zu rathen gegeben. Zunächst muß selbst einem ungeübten Auge die Ungleichartigkeit des Stils auffallen, der zwischen dem gerungenen, dramatisch völlig ausgereiften Vers aus Shakespeare's späterer Zeit, einem lahmen, vielfach in Prosa zurücksinkenden Metrum, und völlig holzschnittmäßig gereimten Stellen auf's Unterlichste wechselt. Nicht minder befremdlich ist der Zustand des Stücks in Bezug auf die Composition und ihre künstlerische Durchbildung. Die Wahl des Themas und seine Behandlung in einzelnen Partien scheint auf den ersten Blick die Annahme zu bestätigen, daß uns ein Werk aus des Dichters höherm Alter vorliege, wo er sich dem Reiz psychologischer Probleme sogar auf Kosten der dramatischen Gesammtwirkung hingab. Aber dicht neben Stellen, die durch Macht und Fülle des Ausdrucks an die erschütterndsten Momente eines „Lear" erinnern, finden sich kümmerliche Uebergangsscenen, die nur von einem geringen Talente zeugen und in der Haltung der Charaktere und dem Ungeschick des Arrangements mit den unleugbar Shakespeare'schen im Widerspruch stehen, zahlreicher sachlicher Widersprüche zu geschweigen. Unser Befremden wächst, wenn wir den ganzen Wurf und Zuschnitt des Stoffes ins Auge fassen. Soll wirklich dieselbe Hand, die in der größten Tragödie des Undanks, dem „König Lear", mit so sicherer Meisterschaft das Thema contrapunktisch durcharbeitete, hier eine analoge Aufgabe blos auf die populäre Wirkung eines einfachen Gegensatzes von Gut und Böse, von überfließender Menschenliebe und überschwenglichem Menschenhaß berechnet haben? Denn in zwei große monotone Hälften klafft die Tragödie von Timon auseinander.

Auf das Schauspiel seines maßlosen Vertrauens, seiner an Wahnsinn grenzenden Schenksucht folgt das Trauerspiel seiner ebenso maßlosen Abkehr von allem Menschlichen, seiner bis zur Tobsucht gesteigerten Wuth gegen die undankbare Welt. Aus einem fast knabenhaft gutherzigen Thoren, der die Menschen nicht kennt, wird plötzlich ein fast greisenhaft verbitterter Einsiedler, der sie nicht besser kennt, da er ein Recht zu haben glaubt, alle Menschen zu hassen, weil diejenigen, an die er mit vollen Händen sein Hab und Gut verschleudert hat, ihm ihre Hülfe weigern, da er ihre Gegendienste in Anspruch nimmt. Er hat Schmeichler für Freunde, Schmarotzer für Biedermänner gehalten. Keiner von ihnen ist so gezeichnet, daß der Zuschauer es begriffe, wie Timon an der Menschheit verzweifeln kann, wenn er an diesen Menschen verzweifeln muß. Und so entsteht der peinliche Verdacht, daß Timon's Natur in der Wurzel krank sein müsse, um aus verblendeter Hingabe so unheilbar in blinden Haß umzuschlagen. Auch Lear's Raserei hat ihre tiefste Wurzel in der grillenhaften Schwäche, mit der er seine eigenen Töchter verkennt. Aber selbst wenn seine Handlungsweise noch gewagter motivirt wäre als durch das jähe Temperament eines verwöhnten Herrschers und die Wunderlichkeiten des hohen Alters, so hätte der Dichter dafür gesorgt, alles etwa Unzulängliche der Prämissen durch die meisterhafteste Consequenz der psychologischen Entwickelung vergessen zu machen. Im „Timon" keine Spur dieser Kunst. Nach den Fehlversuchen, von seinen Scheinfreunden Hülfe in der Noth zu erhalten, tritt er plötzlich auf „in a rage", in einem Wuthanfall, der ohne lichte Intervalle, außer der Scene mit dem treuen Hausverwalter, fortbauert bis ans Ende und unsern Gemüthsantheil mehr und mehr ermatten läßt, so sehr wir in den geistreichen Variationen seiner Haßpredigten die dichterische Kraft des Ausdrucks bewundern müssen. Der unvortheilhafte, unsympathische Eindruck wird noch gesteigert durch die freilich ebenfalls dürftige und lockere Einfügung eines Nebenthemas, der Episode des Alcibiades, den dieselbe undankbare Stadt, in welcher Timon keine bessern Freunde fand, trotz seiner großen kriegerischen Verdienste, verbannt. Ob dieser Alcibiades — der übrigens mit der glänzenden und tief tragischen Gestalt der Geschichte nur den Namen gemein hat — darauf berechnet war, den Helden des Stücks sittlich zu heben, da jener gegen seine Vaterstadt das Schwert ergreift, während Timon sich mit Flüchen begnügt, wissen wir nicht. Aber die Absicht, wenn sie vorhanden war, schlägt in ihr Gegentheil um. Wir finden es trotz der Verdammlichkeit eines Bürgerkrieges durchaus in der Ordnung, daß mit dem athenischen Senat, der als ein elender Haufen habsüchtiger Wucherer erscheint, einmal gründlich aufgeräumt werde, zumal ohne Kriegsgreuel schon die bloße Drohung mit der Belagerung der Stadt genügt, dem Verbannten wieder zu Ehren zu helfen. Gegen dies soldatisch rücksichtslose Umspringen mit dem Undank dieser Welt — wie schwächlich und krankhaft erscheint eine Natur, die vor den harten, aber heilsamen Erfahrungen des Lebens keine andere Rettung findet als ein halb thierisches Hinbrüten in der Wildniß, mit ewigem Widerkäuen der bittern Kost: Flüche und Verwünschungen!

Zur Lösung des Räthsels, wie dies aus genialen und linkischen Partien wunderlich zusammengesetzte Stück entstanden sei, stellte Charles Knight in seiner „Pictorial Edition of Shakspere" die Vermuthung auf, „daß der Timon nicht ganz von Shakespeare herrühre, sondern ursprünglich von einem andern, untergeordneten Dichter verfaßt sei und in dieser seiner ersten Gestalt sich eine Zeit lang auf der Bühne behauptet habe; daß das Drama nicht ganz umgearbeitet auf uns gekommen sei, wie «Der Widerspenstigen Zähmung» und «König Johann», sondern insofern umgegossen, daß ganze Scenen von Shakespeare an die Stelle ganzer Scenen des älteren Schauspiels getreten seien, und zwar ausschließlich solche Scenen, in denen Timon selbst auftritt und sein Charakter sich entwickelt." Knight selbst hat diese seine Hypothese im einzelnen zu begründen gesucht, indem er Scene für Scene prüfte, wo sich die Hand des großen Dichters betheiligt habe, entweder durch entschiedenes Eingreifen und Neuschaffen, oder auch nur durch einzelne Drucker, denen es freilich oft nur glückt, die benachbarten ältern Stellen herabzudrücken, statt zu heben. Im Anschluß an diesen Vorgänger nahm Nicolaus Delius die Untersuchung in jüngster Zeit wieder auf und veröffentlichte im „Jahrbuch der deutschen Shakespeare-Gesellschaft für 1867" einen größern Aufsatz, auf den der Uebersetzer um so mehr hinweist, als die stilistischen Feinheiten, die bei jeder literarischen Eigenthumsfrage ins Spiel kommen, doch nur dem Original gegenüber discutirt werden können. An diesem Ort genüge es, die Ergebnisse von Delius' umsichtiger Untersuchung in kurzen Zügen anzuführen.

Was Shakespeare überhaupt bewogen haben mag, diese Arbeit eines Vorgängers, die noch in der Gunst des Publikums stand, einer immerhin so beträchtlichen Umarbeitung zu würdigen, möchte kaum zu ermitteln sein. Ob es, wie Delius meint, der Reiz war, den die psychologische Aufgabe dem Dichter erweckte, ob eine persönliche Verstimmung ihm dieses Stück als ein bequemes Gefäß erscheinen ließ, seine Galle darin auszuschütten, ob endlich nur der Wunsch oder das Bedürfniß auftauchte, einem Schauspieler eine Virtuosenrolle zu schreiben, gegen die alle übrigen Rollen des Stücks zurücktreten sollten — wer kann es wissen? Indessen scheint für die letztere Annahme noch das meiste zu sprechen. Ein Dichter auf der Höhe seiner Kraft, der sich eines ältern Werks bemächtigt, pflegt kaum so ausschließlich nur an gewisse Partien seine Hand zu legen und sie von anderen, die der Erneuerung nicht minder bedürften, hartnäckig fern zu halten. Ein Antrieb aus der persönlichen Stimmung würde glaublicher sein, wenn nicht bei allem Glanz der Ausführung doch eine gewisse äußerliche Rhetorik vorschmeckte, mehr auf theatralische Wirkung berechnet, als von tieferer subjectiver Betheiligung zeugend. Desto näher liegt die Vermuthung, daß der Dramaturg und Bühnenleiter Shakespeare es zweckmäßig gefunden habe, die Hauptrolle dieses beliebten Stückes aufzufrischen, dem alten Körper gleichsam ein neues Rückgrat einzusetzen, was denn nicht abgehen konnte, ohne auch andern Theilen nachzuhelfen. Das Ganze umzuschaffen fühlte der Dramaturg sich nicht veranlaßt, da es ohnehin auf dem Repertoire feststand, der Dichter nicht, weil er wol selbst an der Ausgiebigkeit des Vorwurfs in den Grenzen des überlieferten Stoffes zweifelte und seine eigene Tragödie des Undanks ja schon geschrieben hatte. Ueberdies hatte Shakespeare sowol bei „König Johann" als bei „Der Widerspenstigen Zähmung", die in der Form ganz sein eigen sind, sich weislich gehütet, den Grundplan zu verändern, der seinem Publikum schon einmal als etwas Historisches galt. Daß aber das Stück, das er bearbeitete, ein aus früherer Zeit stammendes und später in Vergessenheit gerathenes Schauspiel gewesen sein könne, bestreitet Delius entschieden. „So unvollkommen nach jeder Seite hin, in Anlage und Charakteristik, dasselbe sich, wie es uns vorliegt, auch darstellen mag, so verräth doch der Dialog und das Arrangement einzelner Scenen eine gewisse theatralische Routine, wie sie vor Shakespeare und selbst in Shakespeare's Jugendzeit nicht eben verbreitet war.... Auch der Blankvers des ältern Timon ist in seiner Nachlässigkeit und Unregelmäßigkeit durchaus nicht der bis zur Monotonie regulirte des vor=Shakespeare'schen Theaters, sondern erinnert in seinem, vielleicht geflissentlich leichtfertigen, an die Conversationssprache sich anschließenden Bau eher an den Vers der jüngern dramatischen Zeitgenossen des Dichters. So mag allerfrühestens der von Shakespeare benutzte Timon derselbe sein, auf den in Guilpin's «Skialetheia», 1598, angespielt wird mit den mehrfach citirten Worten: Like hate-man Timon in his cell he sits; oder auch derselbe, dessen Popularität auf der Bühne in Jack Drum's «Entertainment», 1601 bezeugt wird" (u. s. w., vgl. a. a. O., S. 341).

Welche Quellen der Vorgänger Shakespeare's benutzt habe, ob ihm, außer einer Novelle in Paynter's Palace of Pleasure: „Of the strange and beastly nature of Timon of Athens, enemy to mankind, with his death, burial and epitaph", und der betreffenden Stelle in Plutarch's Leben des Antonius, auch der Lucianische Timon bekannt gewesen, und in welchem Maße ein anderes gleichzeitiges Schauspiel, das Timon's Geschichte mehr für ein classisch gebildetes Publikum behandelt (1842 von Dyce für die Shakespeare Society herausgegeben), auf ihn eingewirkt habe, das sind Fragen von untergeordnetem Gewicht für denjenigen, der sich mit der oben entwickelten Hypothese von dem Ursprung des Shakespeare'schen „Timon" einverstanden erklärt. Dagegen scheint es unerläßlich, wenigstens in den Hauptumrissen die Resultate über die Theilung der Autorschaft anzudeuten, zu denen Delius' eingehende Analyse des Stückes gelangt. Der Motivirung enthält sich dieses Vorwort zur Uebersetzung um so füglicher, als, wie schon oben bemerkt, die Stilfarbe und die feinern sprachlichen Merkmale des Originals vielfach den Ausschlag geben, während es in der deutschen Nachbildung unmöglich darauf ankommen konnte, jeden Rostflecken des ältern Stückes sorgsam nachzubilden und auch in der deutschen Form überall Shakespeare'sches von Unshakespeare'schem zu sondern. Die Mühe, ein solches Facsimile herzustellen, würde nur von wenigen antiquarischen Feinschmeckern gedankt worden sein, während es dem Uebersetzer hinreichend schien, sich in den vernachlässigten Partien alles wissentlichen Glättens und Feilens zu enthalten und desto sorglicher darauf bedacht zu sein, die Meisterzüge des Bearbeiters in möglichster Stärke und Frische hervortreten zu lassen.

Für unverkennbar shakespearisch hält Delius die ganze erste Scene des ersten Actes bis zu den ersten Proben von Timon's Freigebigkeit, wo schon eine Anlehnung an den Vorgänger bemerkbar werde. Mit Apemantus' Auftreten schwindet die Spur des Bearbeiters, der auch an die Scenen mit Alcibiades nicht gerührt hat. Die zweite Scene gehört dem Vorgänger, wie auch die erste Scene des zweiten Acts, wo etwa nur in der Rede des Senators einige Retouchen nöthig befunden wurden. Von der zweiten Scene dieses Acts wird nur das Gespräch Timon's mit dem Haushofmeister Shakespeare zugeschrieben; dagegen scheinen „die Schlußcouplets des Actes in ihrer ungefügen, durch den Reim offenbar genirten Ausdrucksweise" dem Vorgänger zu gehören, dessen Vorzüge und Mängel ferner aufs charakteristischste in den drei ersten Scenen des dritten Actes hervortreten. Erst mit dem Auftreten Timon's in der nun folgenden vierten Scene wird Shakespeare's Hand wieder sichtbar, verschwindet darauf gänzlich in der fünften Scene (Alcibiades vor dem Senat) und hat selbst Anfang und Schluß der so drastisch wirkenden Banketscene unberührt gelassen. Nur die mächtige Strafrede Timon's an die Gäste (May you a better feast never behold) ist unverkennbar vom Hauch Shakespeare'scher Kraft durchweht.

Erst mit der Peripetie beginnt ein stärkeres Eingreifen des Bearbeiters, dem „Timon der Menschenfeind zu dramatischer Behandlung ungleich anziehender und fesselnder erscheinen mochte, als Timon der leichtlebige, gastfreie Allerweltsfreund". Der erschütternde Monolog, der den vierten Act beginnt, gehört Shakespeare ganz. In die zweite Scene theilt er sich mit seinem Vorgänger, dessen Grundzüge er im Folgenden beibehält, jedoch überall mit seinem energischen Pulsschlag die Scenen belebend. Auf seltsame Weise scheiden sich die Eigenthümlichkeiten beider Stile in dem großen Gespräch zwischen Timon und Apemantus (Scene 3), wo die im Blankvers meisterhaft durchgeführte erste Hälfte Shakespeare, der folgende Dialog in Prosa dem Vorgänger zuzuschreiben ist, wie denn auch in dem folgenden Monologe nur die glänzende Apostrophe an das Gold dem Bearbeiter gehört. In der Scene mit den Dieben leitet wieder der Blankvers auf die Spuren Shakespeare's, während in dem ganzen Rest dieses Actes ein völlig sicheres Auseinanderhalten beider Hände schwerlich gelingen wird.

In der ersten Scene des fünften Acts wird Shakespeare's Hand erst sichtbar von den Worten: „What a god's gold" bis zum Schluß. Auch die zweite Scene gehört ihm bis auf die gereimten Schlußverse. Scene drei und vier scheinen ganz ohne Nachbesserung geblieben zu sein, dagegen die Schlußscene bis zum Auftreten des Soldaten zwar dem Inhalt nach von dem Vorgänger entlehnt, im Ausdruck aber durchaus shakespearisch. An den eigentlichen Schluß, der so gezwungen von Alcibiades' Schicksalen wieder auf den Haupthelden zurücklenkt, hat Shakespeare offenbar nicht gerührt, so augenfällige Incongruenzen ihn auch dazu einladen mußten. Mit dem Tode Timon's war, wie es scheint, das Interesse des Dichters an dem bearbeiteten Stück selbst bis auf das Pflichttheil der Adoptivvaterliebe erloschen.

Timon von Athen.

Personen.

Timon, ein edler Athener.
Lucius,
Lucullus,   } seine Freunde.
Sempronius,
Bentibius,
Apemantus, ein Cyniker.
Alcibiades, Athens Feldherr.
Flavius, Timon's Hausverwalter.
Flaminius,
Lucilius,   } Timon's Diener.
Servilius,
Caphis,
Philotus,
Titus,   } Diener von Timon's Gläubigern.
Lucius,
Hortensius,
Zwei Diener des Varro,   } Gläubiger Timon's.
Ein Diener des Isidor,
Cupido und weibliche Masken.
Zwei Fremde.
Ein Dichter.
Ein Maler.
Ein Juwelier.
Ein Kaufmann.
Ein alter Athener.
Ein Page.
Ein Narr.
Phrynia,   } Hetären des Alcibiades.
Timandra,
Lords, Senatoren, Offiziere, Krieger, Diebe, Gefolge.

Der Schauplatz ist Athen und die nahen Wälder.

Erster Aufzug.

Erste Scene.

Athen. Ein Vorsaal in Timon's Hause.

Es treten auf ein Dichter, ein Maler, ein Juwelier, ein Kaufmann und andere, durch verschiedene Thüren.

Dichter.
Guten Tag, Herr!

Maler.
Sehr erfreut, Euch wohl zu sehn.

Dichter.
Ich sah Euch lange nicht. Wie geht die Welt?

Maler.
Sie nutzt sich ab im Rollen.

Dichter.
Ja, das weiß man.
Was aber gibt's Absonderliches, Neues,
Noch nicht in aller Leute Mund? — O seht
Des Reichthums Zaubermacht! All diese Geister
Gehorchen ihrem Ruf. Den Kaufmann kenn' ich.

Maler.
Ich beide. Der dort ist ein Juwelier.

Kaufmann (zum Juwelier).
Ja, 's ist ein würd'ger Herr!

Juwelier.

Das ist unstreitig.

Kaufmann.

Das Muster eines Manns, so recht geschult
Zu unermüdlich wandelloser Güte;
Ganz unvergleichlich.

Juwelier.

Ich hab' hier ein Juwel —

Kaufmann.

O bitte, zeigt mir's! Für Lord Timon, Herr?

Juwelier.

Wenn ihn der Preis nicht schreckt. Doch freilich, das —

Dichter (declamirend).

Wenn wir um Lohn Unwürdige gepriesen,
Wirft's einen Makel auf den Glanz der Verse,
Die einen Edlen feiern.

Kaufmann (das Juwel betrachtend).

Schön gefaßt!

Juwelier.

Und kostbar. Seht nur dieses Wasser!

Maler.

Ihr seid verzückt; wol in ein Werk, gewidmet
Dem großen Lord?

Dichter.

Nur so ein leichter Hinwurf.
Wie Harz ist unsre Poesie und quillt,
Wo sie genährt wird. Feu'r entspringt dem Stein
Erst durch den Schlag; doch unsre edle Flamme
Entfacht sich selbst und flieht, dem Strome gleich,
Unwillig jede Schranke. — Was habt Ihr da?

Maler.

Ein Bild, Herr. — Wann kommt Euer Buch heraus?

Dichter.

Sofort nachdem ich's überreicht. Doch laßt
Mich Euer Bild sehn.

Erster Aufzug. Erste Scene.

Maler.

's ist nicht übel, denk' ich.

Dichter.

Gewiß. Dies macht sich trefflich; meisterhaft!

Maler.

Erträglich.

Dichter.

Wunderbar! Wie seine Haltung
So anmuthvoll sich ausspricht! welch ein Geist
Aus diesem Auge blitzt! wie Phantasie
In dieser Lippe zuckt! Wer deutet nicht
Dies stumm beredte Mienenspiel?

Maler.

Das Leben ist ganz artig nachgeäfft.
Der Zug hier, scheint er Euch?

Dichter.

Ich möchte sagen,
Er meistert die Natur; des Künstlers Streben
Lebt hier im Bild, lebend'ger als das Leben.

(Einige Senatoren treten auf und gehen über die Bühne.)

Maler.

Wie viele huldigen unserm Lord!

Dichter.

Athenische Senatoren. — Glückliche!

Maler.

Da seht, noch mehr!

Dichter.

Ihr seht den Andrang, diese Flut von Freunden.
Ich hab' in diesem unvollkommnen Werk
Einen Mann gezeichnet, den die irdische Welt
Mit reichster Gunst umfängt; mein freier Zug
Stockt nicht bei Einzlem, sondern steuert vorwärts
Im weiten Meer von Wachs. Bosheit vergiftet
Auch nicht die kleinste Wendung meiner Fahrt;
Hinfliegt sie kühn mit Adlersflug, gradaus,
Daß keine Spur zurückbleibt.

Maler.

Wie soll ich Euch verstehn?

Dichter.

Den Sinn entriegl' ich Euch.
Ihr seht, wie alle Ständ' und Charaktere —
Sowol die glatten und geschmeid'gen als
Die streng und rauh gearteten — Lord Timon
Zu dienen sich bemühn. Sein großer Reichthum,
Mit seinem gütig edlen Sinn gepaart,
Verbindet ihm und zwingt zu Lieb' und Huld'gung
Die Herzen jedes Schlags. Vom Schmeichler, der
Vorm Spiegel seine Mienen glättet, bis
Zu Apemantus, dem es höchste Lust ist,
Sich selber zu verabscheun: er sogar
Beugt ihm das Knie und kehrt in Frieden heim,
Schon reich durch Timon's Nicken.

Maler.

Ich sah sie miteinander sprechen.

Dichter.

Also:
Auf einem hohen, heitren Hügel stellt' ich
Fortuna thronend dar. Des Berges Fuß
Umdrängen Menschen jeglichen Verdienstes,
Soviel auf dieser rundgewölbten Sphäre
Sich mühn, ihr Glück zu fördern; unter diesen,
Die alle fest auf ihre Kön'gin schaun,
Schildr' ich dann Einen in Lord Timon's Bildung.
Ihm winkt Fortuna's elfenbeinerne Hand,
Und rasch macht ihre Gunst aus Nebenbuhlern
Sklaven und Diener.

Maler.

Treffend ausgedacht!
Mich dünkt, der Thron, Fortuna und der Hügel,
Der Eine, aus dem Schwarm heraufgewinkt,
Wie er, sein Haupt der Steile zugeneigt,
Sein Glück erklimmt, wär' auch für unsre Kunst
Ein schöner Vorwurf.

Dichter.

Hört nur weiter, Herr!
All die, so jüngst noch seinesgleichen waren —

Manche mehr werth als er —, von Stund an folgen
Sie seinen Schritten, füllen seinen Vorplatz
Mit Huld'gung, raunen ihm abgöttisch Flüstern
Ins Ohr; sein Bügel selbst ist ihnen heilig,
Die freien Lüfte athmen sie durch ihn!

Maler.

Nun, und was wird mit diesen?

Dichter.

      Wenn Fortuna,
In Tück' und Wankelmuth, den Günstling nun
Hinunterstößt, so läßt sein ganzer Troß,
Der hinter ihm empor zum Gipfel kroch
Auf Knien und Händen selbst, ihn niedergleiten,
Und keiner folgt, zu stützen seinen Fuß.

Maler.

Das ist alltäglich.
Ich kann Euch tausend Schildereien zeigen,
Die deutlicher als Worte diesen Umschlag
Fortunens pred'gen. Doch Ihr thut sehr wohl,
Mahnt Ihr Lord Timon, daß geringe Augen
Den Fuß schon höher als das Haupt gesehn.

(Trompeten ertönen. Timon tritt auf, mit Begleitung. Der Diener des Bentidius
spricht mit ihm.)

Timon.

Er ist verhaftet, sagst du?

Diener.

Ja, güt'ger Lord. Er schuldet fünf Talente.
Sehr klein ist sein Vermögen, seine Gläub'ger
Sehr hart. Nun wünscht er Euer Edlen Bürgschaft
Bei denen, die die Haft verhängt. Versagt Ihr's,
Bleibt ihm kein Trost.

Timon.

     Edler Bentidius! Wohl,
Ich bin der Mann nicht, einen Freund, der meiner
Bedürftig, abzuschütteln; und ich kenn' ihn,
Daß er der Hülfe werth; sie soll ihm werden.
Ich zahle seine Schuld und lös' ihn aus.

Diener.

Er wird Eu'r Gnaden stets verpflichtet sein.

Timon.

Empfiehl mich ihm; ich sende gleich das Geld.
Bitt ihn, sobald er frei, zu mir zu kommen.
's ist nicht genug, dem Schwachen aufzuhelfen,
Man muß ihn ferner stützen. Lebe wohl!

Diener.

Der Himmel segn' Eu'r Gnaden! (Diener ab.)

(Ein alter Athener tritt auf.)

Der Alte.

Lord Timon, hör' mich an!

Timon.

Sprich, guter Alter!

Der Alte.

Du hast 'nen Diener, der Lucilius heißt.

Timon.

So ist's. Was soll's mit ihm?

Der Alte.

Sehr edler Timon, laß ihn vor dich kommen.

Timon.

Ist er zugegen oder nicht? — Lucilius!

(Lucilius tritt auf.)

Lucilius.

Hier, Euer Gnaden zu Befehl.

Der Alte.

Lord Timon, dieser Bursch hier, dein Geschöpf,
Besucht bei Nacht mein Haus. Ich bin ein Mann,
Der schon von Jugend auf was vor sich brachte,
Und was ich habe, soll mir keiner erben,
Der lebt vom Tellerhalten.

Timon.

Gut. Was weiter?

Der Alte.

Ich hab' nur eine Tochter, niemand sonst,
Dem ich, was ich erwarb, vermachen könnte.

Erster Aufzug. Erste Scene.

Das Kind ist schön, kaum alt genug zur Braut,
Und keine Kosten scheut' ich, sie in allem
Aufs beste zu erziehn. Dein Diener hier
Macht ihr den Hof. Nun bitt' ich, edler Lord,
Hilf mir, ihn von dem Mädchen fern zu halten.
Ich selbst sprach in den Wind.

Timon.
Der Mann ist redlich.

Der Alte.
So sei er's hierin auch.
Ein redliches Gemüth belohnt sich selbst;
Mein Kind muß nicht der Preis sein.

Timon.
Liebt sie ihn?

Der Alte.
Jung ist sie und empfänglich.
Erinn'rung an die eigne Jugend lehrt uns,
Wie Jugend leicht entbrennt.

Timon.
Liebst du das Mädchen?

Lucilius.
Ja, gnäd'ger Herr; und sie ist einverstanden.

Der Alte.
Fehlt ihrer Ehe meine Zustimmung —
Der Götter Zeugniß ruf' ich an! — so wähl' ich
Den Erben mir aus fahrendem Bettlervolk,
Und ihr wird nichts zutheil.

Timon.
Wie stattet Ihr sie aus,
Wenn ihr ein Gatte wird von gleichem Rang?

Der Alte.
Mit drei Talenten, gleich; einst erbt sie alles.

Timon.
Mein Diener hier hat lange mir gedient;
Sein Glück zu gründen, thu' ich gern ein Uebrigs,
Denn das ist Menschenpflicht. Gib ihm dein Kind.

So viel, als du ihr mitgibst, schenk' ich ihm,
Daß er nicht leichter wiegt.

Der Alte.

Hochedler Lord,
Verpfände mir dein Wort, und sie ist sein.

Timon.

Schlag ein; ich halte Wort, bei meiner Ehre!

Lucilius.

In Demuth dank' ich Euer Gnaden. Nichts
Will ich an Glück und Habe je besitzen,
Das nicht das Eure sei.

(Lucilius ab mit dem Alten.)

Dichter (sein Buch überreichend).

Nehmt huldvoll auf mein Werk, und Heil Eu'r Lordschaft!

Timon.

Ich dank' Euch; Ihr sollt weiter von mir hören.
Entfernt Euch nicht. — Was habt Ihr da, mein Freund?

Maler.

Ein kleines Bild, das ich Eu'r Lordschaft bitte
Nicht zu verschmähn.

Timon.

Die Malkunst schätz' ich sehr.
Das Bildniß gibt mir fast den wahren Menschen.
Denn seit Ehrlosigkeit des Menschen Kern
Verfälscht, ist er blos Außenseite; Bilder
Sind, was sie scheinen. Euer Werk gefällt mir,
Und Ihr sollt's inne werden; findet hier
Euch ein, bis Ihr noch weiter von mir hört.

Maler.

Die Götter schützen Euch!

Timon.

Lebt wohl, mein werther Herr; gebt mir die Hand.
Wir speisen heut' zusammen. —

(Zum Juwelier.) Eu'r Juwel
Litt unter Eurer Schätzung.

Erster Aufzug. Erste Scene.

Juwelier.

Wie, Eu'r Gnaden?

So schätzt Ihr's niedriger?

Timon.

Nicht doch. Es ward nur
Mir bis zur Uebersätt'gung angepriesen.
Sollt' ich Euch zahlen nach dem Schätzungswerth,
Müßt' ich mich ganz entblößen.

Juwelier.

Herr, der Preis ist,
Wie ihn ein Händler zahlen würde. Doch
Ihr wißt, mit den Besitzern steigt und fällt
Der Dinge Werth. Glaubt's, theurer Lord, wenn Ihr
Dies Kleinod tragt, erhöht Ihr seinen Werth.

Timon.

Ihr spottet fein.

Kaufmann.

Nein, edler Herr; er spricht nur,
Wie alle Welt spricht.

Timon.

Seht, wer kommt hier? Wollt ihr euch schelten lassen?

(Apemantus tritt auf.)

Juwelier.

Wir tragen's mit Eu'r Gnaden.

Kaufmann.

Er schont keinen.

Timon.

Hab' guten Morgen, lieber Apemantus!

Apemantus.

Wart' auf den Dank, bis ich erst lieb geworden,
Du Timon's Hund und diese Schurken ehrlich.

Timon.

Du kennst sie nicht. Warum nennst du sie Schurken?

Apemantus.

Sind sie nicht Athener?

Timon.
Ja.

Apemantus.
Dann widerruf' ich nicht.

Juwelier.
Du kennst mich, Apemantus.

Apemantus.
Das weißt du; eben nannt' ich dich bei Namen.

Timon.
Du bist stolz, Apemantus.

Apemantus.
Auf nichts so sehr, als daß ich nicht Timon gleiche.

Timon.
Wohin gehst du?

Apemantus.
Einem ehrlichen Athener das Gehirn auszuschlagen.

Timon.
Das ist eine That, für die du sterben wirst.

Apemantus.
Gewiß, wenn auf Nichtsthun nach dem Gesetz der Tod steht.

Timon.
Wie gefällt dir dieses Bild, Apemantus?

Apemantus.
Ausnehmend, weil es nichts Böses thut.

Timon.
Hat der nicht was geleistet, der es malte?

Apemantus.
Der hat noch mehr geleistet, der den Maler zu Stande brachte; und doch ist der selbst nur ein schmuziges Stück Arbeit.

Maler.
Ihr seid ein Hund.

Erster Aufzug. Erste Scene.

Apemantus.
Deine Mutter ist von meiner Rasse. Was ist sie, wenn ich ein Hund bin?

Timon.
Willst du mit mir speisen, Apemantus?

Apemantus.
Nein; ich esse keine großen Herren.

Timon.
Wenn du's thätest, würdest du ihre Frauen erzürnen.

Apemantus.
O, die nehmen große Herren zu sich und kommen so zu großen Bäuchen.

Timon.
Das ist eine schlüpfrige Auffassung.

Apemantus.
Wenn sie dir nicht entschlüpft, behalte sie für deine Mühe.

Timon.
Wie gefällt dir dies Juwel, Apemantus?

Apemantus.
Nicht so gut wie Ehrlichkeit, die niemand einen Deut kostet.

Timon.
Was, denkst du, ist es werth?

Apemantus.
Nicht werth, daß ich dran denke. — Wie steht's, Poet?

Dichter.
Wie steht's, Philosoph?

Apemantus.
Du lügst.

Dichter.
Bist du etwa keiner?

Apemantus.
Ja.

Dichter.
So lüg' ich doch nicht.

Apemantus.

Bist du nicht ein Poet?

Dichter.

Ja.

Apemantus.

Dann lügst du auch. Sieh nur in dein neuestes Werk, wo du ihn für einen würdigen Menschen ausgibst.

Dichter.

Ich geb' ihn nicht dafür aus; er ist es.

Apemantus.

Ja er ist deiner würdig, dich für deine Arbeit zu bezahlen. Wer sich gern schmeicheln läßt, ist seines Schmeichlers würdig. Himmel, daß ich ein großer Herr wäre!

Timon.

Was würdest du dann thun, Apemantus?

Apemantus.

Dasselbe, was Apemantus jetzt thut; einen großen Herrn von Herzen hassen.

Timon.

Wie? dich selbst?

Apemantus.

Ja.

Timon.

Weshalb?

Apemantus.

Weil, wenn ich ein großer Herr wär', ich meinen bittern Witz verlieren würde. — Bist du nicht ein Kaufmann?

Kaufmann.

Ja, Apemantus.

Apemantus.

Der Handel richte dich zu Grunde, wofern es die Götter nicht thun!

Kaufmann.

Wenn es der Handel thut, so thun es die Götter.

Erster Aufzug. Erste Scene.

Apemantus.

Der Handel ist dein Gott, und dein Gott richte dich zu Grunde!
(Trompetenfanfaren. Ein Diener tritt auf.)

Timon.

Was für Trompeten sind das?

Diener.

's ist Alcibiades; an zwanzig Reiter
Begleiten ihn.

Timon.

Empfangt sie, bitte; führt sie her zu uns. —
(Einige vom Gefolge gehen hinaus.)
(Zum Dichter.) Ihr müßt heut' mit mir speisen. — (Zum Maler.) Geht
nicht fort,
Bis ich Euch danken konnte, und nach Tisch
Zeigt mir das Bild. — (Zu den andern.) Es freut mich, euch zu sehn.
(Alcibiades mit seinen Begleitern tritt auf.)
Herzlich willkommen, Herr!

Apemantus.

So, so! nun kommt's! —
Gicht lähm' und krümm' euch die geschmeid'gen Glieder!
Dann bliebe nichts in diesen süßen Schuften
Von Lieb' und Höflichkeit! Die Menschenrasse
Ist längst zu Aff' und Pavian entartet.

Alcibiades.

Ihr stilltet meine Sehnsucht, Herr. Begierig
Schwelg' ich in Eurem Anblick.

Timon.

Sehr willkommen!
Eh' wir uns trennen, soll uns manche Stunde
In Lust vereinen. Bitte, tretet ein!
(Alle ab bis auf Apemantus.)
(Zwei Lords treten auf.)

Erster Lord.

Was ist die Tageszeit, Apemantus?

Apemantus.
Zeit ist's, ehrlich zu sein.
Erster Lord.
Die Zeit ist immer.
Apemantus.
Um so verruchter, daß du nie sie nutzest.
Zweiter Lord.
Gehst du zu Timon's Festmahl?
Apemantus.
Ja; um zu sehn, wie Speise Schurken sättigt
Und Narren Wein erhitzt.
Zweiter Lord.
Leb' wohl, leb' wohl!
Apemantus.
Narr, daß du zweimal Lebewohl mir sagst.
Zweiter Lord.
Warum, Apemantus?
Apemantus.
Du hätt'st eins für dich selbst behalten sollen;
Denn ich gedenk' dir keins zu geben.
Erster Lord.
Häng' dich!
Apemantus.
Nein; ich thue nichts auf deinen Befehl. Fordre deine Freunde dazu auf.
Zweiter Lord.
Hinweg, du bissiger Hund; sonst gibt's Fußtritte!
Apemantus.
Ich will, wie der Hund, den Hufen des Esels ausweichen.

(Er geht ab.)

Erster Lord.
Er ist ein Feind der Menschheit. Woll'n wir gehn
Und Timon's Großmuth kosten? Seine Güte
Ist völlig ohnegleichen.

Erster Aufzug. Zweite Scene.

Zweiter Lord.

Er strömt sie aus. Plutus, der Gott des Goldes,
Ist sein Verwalter nur; wer je ihm dient,
Wird siebenfach belohnt; wer ihn beschenkt,
Erhält als Gegengabe mehr, als Brauch ist,
Um Schulden wett zu machen.

Erster Lord.

Niemals herrscht'
In Menschenbrust ein edleres Gemüth.

Zweiter Lord.

Er lebe lang im Glück! Woll'n wir hineingehn?

Erster Lord.

Kommt, ich begleit' Euch.

(Beide ab.)

Zweite Scene.

Ebendaselbst. Ein Prunksaal in Timon's Hause.

Oboen spielen eine laute Musik. Ein großes Bankett wird angerichtet.
Flavius und andere warten auf. Dann treten ein Timon, Alcibiades, Lucius, Lucullus, Sempronius und andere athenische
Senatoren, ferner Ventidius und Gefolge. Als Nachzügler kommt
Apemantus, mit unwirschen Geberden nach seiner Art.

Ventidius.

Erlauchter Timon, es gefiel den Göttern,
Der Jahre meines Vaters zu gedenken
Und ihn zur langen Ruhe heimzurufen.
Er schied beglückt und ließ mich reich zurück.
Drum, da ich deiner Großmuth dankbarlich
Verpflichtet bin, erstatt' ich die Talente
Zwiefach, zu jedem Dienst bereit, dem Manne,
Dem ich die Freiheit danke.

Timon.

Nimmermehr,
Wackrer Ventidius! Ihr verkennt mein Herz.
Ich gab es frei, für immer. Wer kann wahrhaft
Behaupten, daß er gibt, wenn er zurücknimmt?

Wenn denen solches Spiel gefällt, die höher stehn,
Wir ahmen's drum nicht nach; was Große thun, heißt schön.

Ventidius.

Welch edler Geist!

(Die Gäste becomplimentiren einander um die obern Plätze an der Tafel.)

Timon.

Nein, werthe Herrn,
Die Ceremonien dienen nur zum Firnis
Verstellter Liebe, hohler Freundlichkeit,
Die vor der That schon ihre Güte reut.
Wo wahre Freundschaft ist, braucht's dessen nicht.
Nehmt Platz! Willkommner seid ihr meinem Glück
Als dieses Glück mir selbst.

(Sie setzen sich.)

Erster Lord.

Herr, dazu haben wir uns stets bekannt.

Apemantus.

Oho! Bekannt? Und nicht gehangen? Wie?

Timon.

Sieh, Apemantus! Sei willkommen!

Apemantus.

Nicht doch! Du sollst mich nicht willkommen heißen.
Ich kam, damit du aus der Thür mich werfest.

Timon.

Pfui, du bist borstig! Eine Laune hast du,
Die keinem Menschen ziemt; das ist sehr unrecht.
Ihr Herrn, man sagt wol: Ira furor brevis est,
Doch dieser Mann ist allezeit in Wuth.
Man soll ihm ein besondres Tischchen geben;
Denn weder mag er selbst Gesellschaft leiden,
Noch taugt er auch für sie.

Apemantus.

Laß mich denn hier, und du verantwort' es!
Ich komm', um aufzupassen. Sei gewarnt!

Erster Aufzug. Zweite Scene.

Timon.

Ich frage nichts danach. Du bist ein Athener, darum willkommen. Ich für mein Theil möchte dir nichts zu befehlen haben. — Laß nur mein Mahl dich stumm machen.

Apemantus.

Dein Mahl verschmäh' ich. Dran ersticken würd' ich;
Denn nie könnt' ich dir schmeicheln. — O ihr Götter,
Wie viele Menschen zehren Timon auf,
Und er bemerkt's nicht!
Es wurmt mich, seh' ich, wie so viele hier
In Eines Mannes Blut den Bissen tunken;
Das Allertollste noch: er nöthigt sie!
Mich wundert, daß noch Mensch dem Menschen traut.
Sie sollten doch sich laden ohne Messer,
Gut für ihr Mahl und für ihr Leben besser.
Man hat dafür Exempel. Jener Bursch
Dicht bei ihm, der mit ihm das Brot bricht, ihm
Gesundheit zutrinkt aus getheiltem Becher,
Wär' ihn zu morden gleich bereit. Man hat's
Erlebt. Wär' ich ein großer Herr, ich wagte
Bei Schmäusen nicht zu trinken, daß mir keiner
Ausspähte meiner Gurgelpfeife Schwächen;
Nur mit umschienter Kehle würd' ich zechen.

Timon (seinem Nachbar zutrinkend).

Von Herzen, Herr! Laßt die Gesundheit umgehn.

Zweiter Lord.

Laßt hier sie weiter fließen, edler Lord!

Apemantus.

Hier weiter fließen! Bravo, Bursch! Er kennt
Die Flutzeit gut. — All dies Gesundheittrinken
Wird dir und deinem Gute schlecht bekommen, Timon.
Hier hab' ich, was zu schwach zur Sünde ist:
Ehrliches Wasser, das noch keinen in den Koth warf.
Dies wird mit meiner Kost sich gut vertragen.
Schmaus ist zu stolz, den Göttern Dank zu sagen.
  Ihr Götter, nicht um Mammon bet' ich,
  Für mich nur, nie für andre fleh' ich.
  Bewahrt mich vor der Narrheit nur,
  Zu trauen Menschenwort und Schwur,

Noch der Dirne, wenn sie weint,
Noch dem Hund, der schlafend scheint,
Noch dem Schließer, im Gefängniß,
Noch den Freunden, in Bedrängniß.
Amen. Nun greift zu! Indessen
Reiche sünd'gen, will ich Wurzeln essen.
Wohl bekomm's deinem guten Herzen, Apemantus!

(Er ißt und trinkt.)

Timon.

Alcibiades, mein werther Feldherr, Euer Herz ist jetzt im Felde.

Alcibiades.

Mein Herz ist immer zu Euern Diensten, edler Herr!

Timon.

Ihr wäret lieber bei einem Frühstück von Feinden, als bei einem Mittagessen von Freunden.

Alcibiades.

Wenn sie frisch-blutend sind, Mylord, kommt ihnen kein anderes Gericht gleich. Ich möchte meinen besten Freund zu einem solchen Schmause einladen.

Apemantus.

So wollt' ich, all diese Schmeichler wären deine Feinde, daß du sie dann schlachtetest und mich dazu einlüdest.

Erster Lord.

Hätten wir nur das Glück, Mylord, daß Ihr einmal unsrer Herzen bedürftet, damit wir nur einigermaßen unsern guten Willen beweisen könnten: wir würden uns für immer am Ziel unsrer Wünsche sehn.

Timon.

O zweifelt nicht, meine lieben Freunde, die Götter selbst werden dafür sorgen, daß ich euch noch sehr brauchen werde. Wie wär't ihr sonst meine Freunde? Warum gäbe ich euch diesen liebevollen Namen vor Tausenden, wenn ihr nicht ganz besonders meinem Herzen angehörtet? Ich habe mir selbst mehr von euch gesagt, als ihr mit Bescheidenheit zu euren Gunsten sprechen könnt, und für all das will ich einstehen. O ihr Götter, denk' ich, was brauchten wir überhaupt Freunde, wenn wir sie niemals gebrauchten? Sie wären die unnützesten Geschöpfe von der Welt, wenn wir nie etwas für sie zu thun hätten, und glichen lieblichen Instrumenten, die in

Erster Aufzug. Zweite Scene.

ihren Kasten an der Wand hängen und ihre Klänge für sich behalten. Wahrlich, ich habe oft gewünscht, ich wäre ärmer, nur um euch näher zu treten. Wir sind auf der Welt, um Wohlthaten zu thun; und was können wir mehr und eigentlicher unser nennen, als die Reichthümer unserer Freunde? O was ist es doch für ein köstlicher Trost, daß so viele, brüderlich, einer mit des andern Vermögen schalten und walten! O Freude, die schon wieder fort muß, ehe sie noch geboren ist! Meine Augen können, wie mir scheint, das Wasser nicht zurückhalten. Um euch ihre Schwäche vergessen zu machen, trink' ich euch zu.

Apemantus.

Du weinst, damit sie trinken, Timon.

Zweiter Lord.

So sprang in unsern Augen auch die Freude,
Kaum erst erzeugt, ein weinend Kind hervor.

Apemantus.

Ha, ha! Ich lache, denk' ich, daß das Kind
Ein Bastard ist!

Dritter Lord.

Fürwahr, Mylord, Ihr habt mich sehr gerührt.

Apemantus.

Rührend!

(Trompeten hinter der Scene.)

Timon.

Was meldet die Trompete? He! was gibt's?

(Ein Diener tritt ein.)

Diener.

Mit Erlaubniß, Mylord, da sind einige Damen, die dringend wünschen, vorgelassen zu werden.

Timon.

Damen? Was wollen sie?

Diener.

Sie haben einen Vorläufer bei sich, Mylord, der das Amt hat, anzukündigen, was sie wollen.

Timon (zu den Gästen).

Ich bitte, erlaubt, daß sie kommen.
(Cupido tritt auf.)

Cupido.

Heil, würd'ger Timon, dir, und Heil euch allen,
Die seiner Huld genießen! — Die fünf Sinne
Erkennen dich als ihren Herrn und kommen,
Der Brust, so reich an Liebe, Glück zu wünschen.
Schon durften sich Geschmack, Geruch, Gefühl
Und auch das Ohr an deiner Tafel letzen;
Jetzt nahn sie nur, die Augen zu ergötzen.

Timon.

Sie sind willkommen. Führt sie freundlich ein.
Musik empfange sie!
(Cupido geht ab.)

Erster Lord.

Ihr seht, Herr, wie man weit und breit Euch liebt.
(Musik. Cupido tritt wieder auf mit einem Maskenzug von Amazonen, die Lauten tragen, spielen und tanzen.)

Apemantus.

Hei, welch ein Haufen Eitelkeit kommt dort!
Nun tanzen sie! Verrücktes Weibervolk!
So toll, wie dieser Pomp erscheint verglichen
Mit Oel und Wurzeln, ist der Glanz des Lebens.
Wir machen Narrn aus uns, um froh zu sein,
Und schmeicheln dem, den wir zum Bettler zechen,
Um auf sein Alter dann, was wir genossen,
Zurückzuspein mit gift'gem Hohn und Neid.
Wer lebt, der nicht gedrückt wird oder drückt?
Wer stirbt, der nicht ins Grab noch einen Fußtritt
Von Freunden mitnimmt?
Mir wäre bang, daß, die jetzt vor mir tanzen,
Einst auf mich treten. Solches kam schon vor:
Der sinkenden Sonne schließt man Thür und Thor.

(Die Gäste stehen vom Tisch auf, mit vielen Verbeugungen gegen Timon; um ihm eine Huldigung darzubringen, umfaßt jeder eine Amazone und alle tanzen, Männer mit Frauen, ein paar anmuthige Touren zur Musik der Oboen, bis sie aufhört.)

Timon.

Ihr brachtet Reiz und Anmuth unsern Freuden,
Ihr schönen Fraun, und schmücktet unser Fest,

Das, eh' ihr kamt, nicht halb so lieblich war.
Ihr erst verlieht ihm Werth und muntren Glanz
Und habt mich selbst, der dies ersann, ergötzt.
Nehmt meinen Dank dafür!

Erste Dame.
Mylord, Ihr nehmt uns von der besten Seite.

Apemantus.
Gewiß, denn eure schlimmste ist schmuzig und würde das Nehmen nicht vertragen, scheint mir.

Timon.
Dort, schöne Fraun, steht ein geringes Mahl
Bereit; ich bitte, selbst sich zu bedienen.

Alle Damen.
Von Herzen Dank, Mylord!

(Cupido und die Damen gehen ab.)

Timon.
Flavius!

Flavius.
Mylord!

Timon.
Das kleine Kästchen bring mir her.

Flavius.
Ja, Herr. (Bei Seite) Noch mehr Juwelen!
Man darf ihn nicht in seiner Laune kreuzen,
Sonst warnt' ich ihn, — und in der That, ich sollte —
Wie gern er, wenn's zu spät, gewarnt sein wollte!
O daß doch Großmuth auch nach rückwärts sähe;
So brächt' ein gutes Herz nicht so viel Wehe.

(Er geht und kommt mit dem Kästchen zurück.)

Erster Lord.
Sind unsre Leute da?

Diener.
Sie warten hier, Mylord.

Zweiter Lord.
Bringt unsre Pferde!

Timon.

O, meine Freunde, hört nur noch ein Wort! —
Ihr, theurer Herr,
Ich bitt' Euch sehr, erweiset mir die Ehre,
Dies Kleinod zu erhöhen; nehmt's und tragt's,
Mein güt'ger Herr!

Erster Lord.

Ich bin bereits so tief in Eurer Schuld —

Alle.

Das sind wir alle.

(Ein Diener kommt.)

Diener.

Herr, ein'ge edle Senatoren steigen
Soeben ab, Euch zu besuchen.

Timon.

Mir sehr willkommen.

Flavius.

Ich ersuch' Eu'r Gnaden,
Erlaubt ein Wort mir; es betrifft Euch nah.

Timon.

Mich? Nun, so sag' es mir zu andrer Zeit.
Denk, bitte, drauf, wie wir sie unterhalten.

Flavius (bei Seite).

Kaum weiß ich, wie.

(Ein anderer Diener tritt auf.)

Zweiter Diener.

Gefall' es Euer Gnaden, eben sendet
Lord Lucius Euch als Liebeszeichen vier
Milchweiße Rosse, aufgeschirrt in Silber.

Timon.

Ich nehme gern sie an. Belohnt gebührend,
Die das Geschenk gebracht. —

(Ein britter Diener tritt auf.)

Was Neues wieder?

Dritter Diener.

Mit Erlaubniß, Mylord, der edle Lord Lucullus bittet morgen um Eure Gesellschaft zur Jagd und sendet Euer Gnaden zwei Koppeln Windhunde.

Timon.

Ich werde kommen. Nehmt sie in Empfang,
Nicht ohne reichen Lohn.

Flavius (bei Seite).

Was soll draus werden?
Stets soll'n wir sorgen, jeden reich beschenken,
Und alles das aus einem leeren Kasten!
Nie will er Abrechnung; nie läßt er mich
Ihm zeigen, wie sein Herz zum Bettler ward,
Da ihm die Macht gebricht, nach Wunsch zu geben.
So überschwenglich ist er im Versprechen,
Daß, was er spricht, ihm Gläub'ger schafft; er schuldet
Für jedes Wort, und muß nun Zinsen zahlen,
Weil er so gütig ist. In ihren Büchern
Steht all sein Land. Ich wollt', ich wär' in Gutem
Aus seinem Dienst, eh' ich hier überflüssig.
Beglückter lebt, wer nie kann Freunde laden,
Als solche, die ihm mehr als Feinde schaden.
Es blutet mir das Herz um meinen Herrn!

(Geht ab.)

Timon (zu seinen Gästen).

Ihr thut euch selbst sehr unrecht und verkleinert
Zu sehr den eignen Werth.

(Zu dem zweiten Lord.)

Hier, lieber Herr,
Ein kleines Zeichen unsrer Liebe.

Zweiter Lord.

Ich nehm' es an mit ungemeinem Dank.

Dritter Lord.

Er ist ein wahrer Abgrund aller Güte!

Timon.

Und jetzt entsinn' ich mich, Mylord, Ihr lobtet
Den braunen Renner jüngst, auf dem ich ritt.
Er ist der Eure, da er Euch gefällt.

Dritter Lord.
O bitte, nein, nicht das, mein edler Lord!
Timon.
Mein Wort darauf, Mylord; ich weiß, man kann
Nur loben nach Verdienst, was man auch liebt.
Der Freunde Neigung wäg' ich nach der eignen.
Verlaßt Euch drauf, einst komm' ich auch zu Euch.
Alle Lords.
Wer wäre mehr willkommen!
Timon.
Ich nehm' all eure freundlichen Besuche
So dankbar auf, daß kein Geschenk mir gnügt.
Ich wollt', ich hätte Kronen zu vertheilen;
Nie würd' ich's müde. — Alcibiades,
Du bist ein Krieger, darum selten reich;
Du brauchst es. Unter Todten erntest du
Dein Leben, und dein Grundbesitz ist einzig
Das Feld der Ehre.
Alcibiades.
Ja, kein Aehrenfeld, Mylord.
Erster Lord.
Wir sind so innig Euch verpflichtet —
Timon.
Ich
Nicht minder euch.
Zweiter Lord.
So grenzenlos ergeben —
Timon.
Ich gleichfalls euch. — Lichter! mehr Lichter!
Erster Lord.
Jedes beste Glück
Und Ehr' und Heil bleib' Euch gesellt, Lord Timon!
Timon.
Den Freunden stets zu Dienst.

(Alcibiades und die andern Gäste gehen ab.)

Erster Aufzug. Zweite Scene.

Apemantus.
Was das ein Lärm ist!
Den Hals verrenkt, den Steiß herausgekehrt!
Sind die Kratzfüße wol die Summen werth,
Die er drum gibt? Freundschaft prunkt nur zum Scheine.
Doch hat manch falsches Herz gesunde Beine,
Und ihr Scharwenzeln macht treuherz'ge Narrn bankrott.

Timon.
Nun, Apemantus, wärst du nicht so unwirsch,
Sollt's nicht dein Schade sein.

Apemantus.
Nein, ich will nichts! Denn wenn auch ich mich bestechen ließe, so wäre niemand mehr übrig, dich zu verhöhnen, und du würdest nur noch schneller sündigen. Du gibst nun schon so lange, Timon, ich fürchte, du wirst nächstens dich selbst gänzlich in Papier ausgeben. Was nutzen diese Gastereien, Aufzüge und eitler Pomp?

Timon.
Nein, wenn du auch auf Geselligkeit zu schimpfen anfängst, so schwöre ich dir, mich nicht mehr um dich zu kümmern. Lebe wohl, und komm wieder mit einer bessern Musik.

(Geht ab.)

Apemantus.
Wenn du mich jetzt nicht hören willst,
Sollst du's auch später nicht. Dein Heil verschließ' ich dir.
O daß der Mensch nie taube Ohren hat
Für Schmeichelei, und stets für guten Rath!

Zweiter Aufzug.

Erste Scene.

Athen. Zimmer im Hause eines Senators.

Ein Senator tritt auf, Papiere in der Hand.

Senator.

Fünftausend ward er jüngst dem Varro schuldig;
Dem Isidor neuntausend; meine Summe
Dazu, macht fünfundzwanzig. Rast Verschwendung
So immer fort? Es kann, es wird nicht dauern.
Fehlt's dir an Gold, stiehl eines Bettlers Hund
Und schenk' ihn Timon; schau, der Hund münzt Gold.
Willst du dein Pferd um zwanzig Pferde tauschen,
Und beßre: ei, schenk' nur dein Pferd an Timon,
Schenk's ihm und fordre nichts: gleich fohlt es dir,
Und zugerittne Pferde. Seine Thür
Bewacht kein Pförtner, oder doch nur einer,
Der lächelnd jeden einlädt, der vorbeigeht.
Es kann nicht dauern; kein vernünft'ger Mann
Kann seine Lage sicher glauben. — Caphis,
He, Caphis!

Caphis (tritt auf).

Hier, Herr. Was befehlt Ihr mir?

Senator.

Rasch, nehmt den Mantel um, geht zu Lord Timon
Und drängt ihn um mein Geld. Begnügt Euch nicht
Mit leichter Ausflucht, laßt Euch nicht beschwicht'gen
Durch ein „Empfehlt mich Euerm Herrn", die Mütze
Dabei — so! — spielend in der Hand; nein, sagt ihm,
Ich werde selbst gemahnt, muß meine Gläub'ger

Zweiter Aufzug. Zweite Scene.

Befried'gen. Seine Fristen sind verstrichen,
Und mein Credit, da ich zu fest ihm traute,
Ward schon versehrt. Ich lieb' ihn und verehr' ihn,
Doch brech' ich nicht den Hals, um seinen Finger
Zu heilen. Gleich bedürf' ich Hülf' und zwar
Nicht leere Worte nur, nein unverzüglich
Müss' ich befriedigt werden. Macht Euch fort!
Nehmt eine Miene an, die ungestüm
Und unabweislich fordert. Denn ich fürchte,
Steckt jede Feder in der rechten Schwinge,
Erscheint Lord Timon als ein nackter Nestling,
Der jetzt noch als ein Phönix glänzt. Nun fort!

Caphis.

Ich gehe, Herr.

Senator.

Nehmt die Verschreibung mit,
Und merkt Euch die Termine.

Caphis.

Gut.

Senator.

So geht!

(Beide ab.)

Zweite Scene.

Ebendaselbst. Eine Halle in Timon's Hause.

Flavius tritt auf, eine Menge Rechnungen in der Hand.

Flavius.

Kein Halten, kein Besinnen! So ins Blaue
Wirthschaftet er, er weiß nicht, wie es fortgehn,
Noch wie er's hemmen soll. Nie überschlägt er,
Was durch die Finger läuft, noch trägt er Sorge,
Wie's wieder einzubringen. Nie zuvor
War wol ein beßrer Mensch ein größrer Thor.
Was soll geschehn? Er hört nicht, bis er fühlt.
Ich sag's ihm gradheraus, kommt er vom Jagen.
O pfui, pfui, pfui!

(Caphis tritt auf und die Diener des Isidor und Varro.)

Caphis.
Guten Abend, Varro. Was?
Du kommst um Geld?

Varro's Diener.
Ist's nicht auch dein Geschäft?

Caphis.
Ja wohl; — und deins auch, Isidor?

Isidor's Diener.
So ist es.

Caphis.
Ich wollt', wir alle hätten's erst.

Varro's Diener.
Wol schwerlich.

Caphis.
Hier kommt der Lord.

(Es treten auf Timon, Alcibiades und andere Herren.)

Timon.
Gleich nach dem Essen woll'n wir wieder fort,
Mein Alcibiades.
(Zu Caphis.)
Zu mir? Was wollt Ihr?

Caphis.
Hier, gnäd'ger Herr, ist ein gewisser Schuldschein —

Timon.
Schuld? — Woher seid Ihr?

Caphis.
Aus Athen, Mylord.

Timon.
Sagt's meinem Hausverwalter.

Caphis.
Verzeihung, gnäd'ger Herr, der hat mich schon
Seit einem Mond von Tag zu Tag vertröstet.
Mein Herr ward plötzlich selber schwer bedrängt

Zweiter Aufzug. Zweite Scene.

Und braucht das Seine, bittet drum in Demuth,
Ihr wollt, wie's Euerm edlen Sinn geziemt,
Sein Recht ihm thun.

Timon.

Mein wackrer Freund, ich bitte,
Sprich morgen früh nur wieder bei mir vor.

Caphis.

Nein, edler Herr —

Timon.

Vergiß dich nicht, mein Freund!

Varro's Diener.

Ein Diener Varro's, edler Herr —

Isidor's Diener.

Von Isidor.
In Demuth bittet er um schnelle Zahlung.

Caphis.

Wär's Euch bekannt, wie sehr mein Herr gedrängt wird —

Varro's Diener.

Es war schon fällig vor sechs Wochen, Herr,
Und drüber.

Isidor's Diener.

Eu'r Verwalter weist mich ab, Herr.
Ich ward zu Eurer Lordschaft selbst geschickt.

Timon.

Laßt mir nur etwas Athem. —
Ich bitt' euch, edle Herrn, geht nur voran;
Gleich bin ich bei euch.
(Alcibiades und die Herren gehen ab.)
(Zu Flavius.)

Komm hieher. Nun sage,
Wie geht's nur zu, daß man mich so umlagert
Mit lauter Mahnung um verfallne Scheine
Und faule Schulden, längst schon rückzahlbar,
Zum Schaden meiner Ehre?

Flavius.

Hört, ihr Herrn,
Die Zeit ist schlecht gewählt für dies Geschäft.
Laßt eure Mahnung schweigen bis nach Tische,
Daß ich dem gnäd'gen Herrn erklären kann,
Weshalb ihr nicht bezahlt seid.

Timon.

Thut das, Freunde! —
Man soll sie gut bewirthen.

(Geht ab.)

Flavius.

Bitte, tretet näher!

(Flavius geht ab.)
(Apemantus und ein Narr treten auf.)

Caphis.

Bleibt, bleibt; hier kommt der Narr mit Apemantus; wir wollen unsern Spaß mit ihnen treiben.

Varro's Diener.

Hängt ihn! er wird uns doch nur schlecht behandeln.

Isidor's Diener.

Hol' ihn die Pest, den Hund!

Varro's Diener.

Wie geht's, Narr?

Apemanius.

Führst du Zwiesprach mit deinem Schatten?

Varro's Diener.

Ich spreche nicht mit dir.

Apemantus.

Nein, sondern mit dir selbst.

(Zum Narren.)

Komm hinweg!

Isidor's Diener (zu Varro's Diener).

Der Narr bleibt nun doch an dir hängen.

Zweiter Aufzug. Zweite Scene.

Apemantus.

Nein, du stehst allein, du hängst nicht an ihm.

Caphis.

Wo ist nun der Narr?

Apemantus.

Der zuletzt gefragt hat. — Arme Schufte und Diener von Wucherern! Kuppler zwischen Gold und Mangel!

Alle Diener.

Was sind wir, Apemantus?

Apemantus.

Esel.

Alle Diener.

Warum?

Apemantus.

Weil ihr mich fragt, was ihr seid, und euch selbst nicht kennt. — Sprich mit ihnen, Narr.

Narr.

Wie geht's euch, ihr Herren?

Alle Diener.

Großen Dank, guter Narr. Was macht deine Wirthin?

Narr.

Sie setzt eben Wasser zu, um solche Küchlein, wie ihr seid, zu brühen. Ich wollte, wir sähen euch in Korinth.

Apemantus.

Brav! schönen Dank!

(Ein Page kommt.)

Narr.

Seht, da kommt der Page meiner Frau.

Page (zum Narren).

Nun, wie steht's, Kapitän? Was thust du in dieser weisen Gesellschaft? — Wie geht dir's, Apemantus?

Apemantus.

Ich wollte, ich hätte eine Ruthe im Munde, damit ich dir ersprießlich antworten könnte.

Page.

Bitte, Apemantus, lies mir die Aufschrift dieser Briefe. Ich weiß nicht, an wen jeder ist.

Apemantus.

Kannst du nicht lesen?

Page.

Nein.

Apemantus.

Dann wird wenig Gelehrsamkeit sterben an dem Tage, wo man dich hängt. Der ist an Lord Timon, der an Alcibiades. Geh! du kamst als ein Bastard zur Welt und wirst als ein Kuppler sterben.

Page.

Und du wurdest als ein Hund geworfen und wirst verhungern, wie ein Hund verreckt. Antworte mir nicht, ich bin schon fort.

(Page ab.)

Apemantus.

Gerade so entläufst du der Gnade des Himmels. — Narr, ich will mit dir zu Lord Timon gehen.

Narr.

Willst du mich dort lassen?

Apemantus.

Wenn Timon zu Hause bleibt. — Ihr drei dient drei Wucherern?

Alle Diener.

Ja. Besser wär's, sie bedienten uns.

Apemantus.

Das wollt' ich auch, — so gut wie jeder Henker den Dieb bedient.

Narr.

Seid ihr die Diener von drei Wucherern?

Alle Diener.

Ja, Narr.

Narr.

Ich glaube, es gibt keinen Wucherer, der nicht einen Narren zum Diener hat. Meine Frau treibt Wucher, und ich bin

Zweiter Aufzug. Zweite Scene.

ihr Narr. Wenn Leute zu euern Herren kommen, um zu borgen, kommen sie traurig und gehn lustig wieder fort. Aber ins Haus meiner Frau kommen sie lustig und gehn traurig weg. Woher kommt das?

Varro's Diener.

Ich wüßte wol den Grund.

Apemantus.

So sage ihn, damit wir sehen, daß du ein Hurenbold und ein Schelm bist; trotzdem aber wollen wir dich nicht weniger achten.

Varro's Diener.

Was ist ein Hurenbold, Narr?

Narr.

Ein Narr in guten Kleidern, ein Ding, das dir ähnlich sieht. 's ist ein Geist; manchmal sieht er aus wie ein Lord, manchmal wie ein Rechtsgelehrter, manchmal wie ein Philosoph mit noch zwei andern Steinen außer seinem Stein der Weisen. Sehr häufig sieht er auch wie ein Ritter aus, und überhaupt zeigt sich dieser Geist in allen Gestalten, in denen die Menschen herumgehen, von achtzig Jahren bis dreizehn.

Varro's Diener.

Du bist nicht ganz und gar ein Narr.

Narr.

Und du nicht ganz und gar ein weiser Mann. So viel Narrheit, als ich habe, so viel Witz fehlt dir.

Apemantus.

Der Antwort hätte sich Apemantus nicht zu schämen brauchen.

Alle Diener.

Tretet beiseite. Hier kommt Lord Timon.

(Timon und Flavius treten wieder auf.)

Apemantus.

Komm mit mir, Narr, komm!

Narr.

Ich folge nicht immer blos Verliebten, älteren Brüdern und Weibern; manchmal auch einem Philosophen.

(Apemantus und der Narr gehen ab.)

Flavius (zu den Dienern).

Ich bitt' euch, geht hinein; ich sprech' euch noch.

Timon.

Du machst mich staunen. Warum hast du früher
Nicht mein Vermögen klar mir vorgelegt,
Daß ich den Aufwand eingerichtet hätte
Nach meinen Mitteln?

Flavius.

              Wolltet Ihr denn hören,
Wie oft ich davon anfing?

Timon.

                    Geh mir doch!
Vielleicht nahmst du einmal die Stunde wahr,
Wenn grade schlechtgelaunt ich dich zurückwies,
Und machst dir diesen Misgriff jetzt zu Nutz,
Dich weiß zu brennen.

Flavius.

                  O mein theurer Herr,
Wie häufig bracht' ich meine Rechnungen
Und legte sie Euch vor; Ihr schobt sie weg
Und spracht, Ihr trautet meiner Redlichkeit.
Mußt' ich ein klein Geschenk mit so und so viel
Erwidern, schüttelt' ich den Kopf und weinte,
Ja, bat Euch, gegen alle Schicklichkeit,
Die Hand mehr zuzuhalten; ließ mich schelten,
Oft und nicht immer milde, wenn ich Euch
An Eures Reichthums Ebbe mahnen wollte
Und Eurer Schulden Flut. Mein bester Herr,
Wenn Ihr mich jetzt auch hört — jetzt ist's zu spät;
Ihr müßtet um die Hälfte reicher sein,
Euch schuldenfrei zu machen.

Timon.

Verkauf' all meine Ländereien.

Flavius.

                      Alles
Ist schon verpfändet, ein'ges längst verfallen;
Kaum reicht, was bleibt, den gegenwärt'gen Schulden
Den Mund zu stopfen. Nah sind andre Fristen;
Wie schlägt man sich bis dahin durch? Und endlich:
Wie steht's um unsre Rechnung?

Zweiter Aufzug. Zweite Scene.

Timon.

Bis Lacedämon reichen meine Güter.

Flavius.

O theurer Herr, die Welt ist nur ein Wort.
Und wär' sie Eu'r, und Ihr mit einem Hauch
Verschenktet sie, wie bald wär' sie dahin!

Timon.

Du sagst die Wahrheit.

Flavius.

    Wenn Ihr meinem Haushalt
Mistraut und meiner Ehrlichkeit, so laßt
Aufs schärfste mich verhören und beruft
Die strengsten Richter. Zeugen mir's die Götter:
Wenn alle Kammern unterm Andrang seufzten
Schwelgender Gäste, unsre Keller alle
Weinten vom Weggus Trunkner, jeder Raum
Von Kerzen strahlte, von Gesang erdröhnte,
Setzt' ich mich still zu einem offnen Spundloch
Und ließ die Augen fließen.

Timon.

    Bitte, nichts mehr!

Flavius.

Himmel, sprach ich, wie gut ist dieser Herr!
Wie manchen fetten Bissen schluckten heut'
Sklaven und Bauern? Wer gehört nicht Timon?
Weß Herz, Haupt, Schwert, Macht, Reichthum ist nicht Timon's,
Des großen, edlen, königlichen Timon's?
Ach, schwand der Reichthum, der dies Lob erkauft,
Schwand auch der Athem, der dies Lob gebildet!
Was Feste eingebracht, büßt Fasten ein.
Ein Winterschauer — todt sind diese Fliegen.

Timon.

Komm; pred'ge mir nicht länger.
Hab' ich doch niemals wie ein Schuft vergeudet;
Unweise, nicht unedel schenkt' ich weg.
Was weinst du? Fehlt dir so Vertraun, zu denken,
Es fehle mir an Freunden? Sei getrost!
Wollt' ich die Fässer voller Freundschaft nur
Anbohren, borgend so die Herzen prüfen,

Die Menschen und ihr Gold könnt' ich so frei
Gebrauchen, wie ich dich kann reden heißen.

Flavius.

Erfüllung segne Euern Glauben!

Timon.

Und in gewisser Art scheint meine Noth
Mir alles Segens Krone; denn durch sie
Kann ich die Freunde prüfen. Du sollst sehn,
Wie falsch du rechnest. Ich bin reich in meinen Freunden. —
Ihr Diener, he! Flaminius! Servilius!

(Flaminius, Servilius und andere Diener treten auf.)

Diener.

Mylord! Mylord!

Timon.

Ich will euch alle ausschicken. — Du gehst zu Lord Lucius; — zu Lord Lucullus du; ich jagte heut' mit ihm. — Du zu Sempronius. — Empfehlt mich ihrer Freundschaft und sagt, ich sei stolz, daß meine Umstände mich veranlassen, sie mit der Bitte um Geld anzugehen. Ich ersuche sie um zwanzig Talente.

Flaminius.

Wie Ihr befehlt, Mylord.

Flavius (bei Seite).

Lord Lucius und Lucullus? Hm!

Timon (zu einem andern Diener).

Du, Freund, geh zu den Senatoren, deren
Freundlich Gehör mein Eifer für das Staatswohl
Gewiß verdient; sie möchten gleich mir tausend
Talente senden.

Flavius.

Herr, ich war so kühn —
Wie es alltäglich ja geschieht — bei ihnen
Eu'r Petschaft, Euern Namen zu gebrauchen:
Doch schütteln sie die Köpfe, und nicht reicher
Kam ich nach Hause.

Timon.

Ist es wahr? Ist's möglich?

Zweiter Aufzug. Zweite Scene.

Flavius.

Sie schützen all' aus Einem Munde vor,
Daß Ebb' in ihren Kassen sei; sie könnten
Nicht, wie sie wollten, — schätzten Euch — beklagten —
Doch hätten sie gewünscht — sie wüßten nicht —
Doch sei nicht alles just — der Beste könne
Ja irren — nähmen herzlich theil — nur schade —
Und so, als drängten wichtige Geschäfte,
Mit schiefem Blick und solch gequälten Brocken,
Die Mützen kaum gerückt, mir kalt zunickend,
Erstarrten sie die Zunge mir zu Eis.

Timon.

Ihr Götter, lohnt es ihnen! —
Freund, sieh nicht trüb aus! Diesen alten Knaben
Ward nun einmal der Undank angeerbt.
Ihr Blut ist dick und kalt und fließt nur spärlich;
An Wärme fehlt's, wie soll'n sie freundlich sein?
Wenn die Natur zurück zur Erde strebt,
Bequemt sie sich ihr an, wird dumpf und schwer.
Geh zu Ventidius. — Bitte, sei nicht traurig!
Du bist getreu und redlich; nein, gewiß,
Dich trifft kein Tadel. — Kürzlich erst begrub
Ventidius seinen Vater und gelangte
Zu großem Gut. Als er noch arm, gefangen
Und nicht mit Freunden wohl versehen war,
Löst' ich ihn aus mit fünf Talenten. Grüß ihn
Von mir und sag ihm, dringend sei die Noth,
Die seinen Freund betroffen, drum gedenk' er
An jene fünf Talente. Hast du sie,
Gib sie den Burschen, denen wir sie schulden.
Nein, weder sprich es aus noch denk' es je,
Daß Timon's Glück bei Freunden untergeh'!

Flavius.

Könnt' ich nur auch so denken! Gutherz'ge zweifeln nie;
Sie denken, alle seien gut wie sie.

(Sie gehen ab.)

Dritter Aufzug.

Erste Scene.

Ebendaselbst. Ein Zimmer in Lucullus' Hause.

Flaminius wartet. Ein Diener tritt auf und nähert sich ihm.

Diener.

Ich habe Euch meinem Herrn gemeldet. Er kommt gleich zu Euch herunter.

Flaminius.

Ich dank' Euch.

(Lucullus tritt auf.)

Diener.

Hier ist mein Herr.

Lucullus (für sich).

Einer von Lord Timon's Leuten? Ein Geschenk, ich wette. Nun, das trifft ja ein; mir träumte heut' Nacht von einem silbernen Becken und einer Kanne. (Laut) Flaminius, mein wackerer Flaminius, ich heiße dich hier geziemend willkommen. (Zu dem Diener.) Geh, bringe Wein. (Diener ab.) Und wie geht es dem verehrtesten, vollkommensten, großherzigsten Ehrenmann Athens, deinem sehr gütigen Herrn und Gebieter?

Flaminius.

Seine Gesundheit ist gut, Herr.

Lucullus.

Es freut mich herzlich, daß seine Gesundheit gut ist. Und was hast du da unter deinem Mantel, mein schmucker Flaminius?

Dritter Aufzug. Erste Scene.

Flaminius.

Wahrlich, Herr, nichts als eine leere Kasse, die ich Euer Gnaden bitte, meinem Herrn zu füllen. Denn da er augenblicklich und dringend funfzig Talente braucht, hat er mich zu Euer Lordschaft gesandt, ihm damit auszuhelfen, indem er durchaus nicht zweifelt, daß Ihr gleich dazu bereit sein werdet.

Lucullus.

Ei, ei! hm, hm! — durchaus nicht zweifelt, sagt er? Ach, der gute Lord! Ein rechter Edelmann ist er, wenn er nur nicht ein so großes Haus machen wollte. Oft und manches mal hab' ich bei ihm gespeist und ihm das gesagt; und bin zum Abendessen wiedergekommen, nur um ihn zur Einschränkung zu ermahnen — und doch wollt' er keinen Rath annehmen, doch durch mein Kommen sich nicht warnen lassen. Jeder Mensch hat seinen Fehler, und der seine ist, sich nicht lumpen zu lassen; ich hab's ihm gesagt, aber ich konnt' ihn nicht davon abbringen.

(Der Diener tritt wieder auf, mit Wein.)

Diener.

Eu'r Gnaden zu Befehl, hier ist der Wein.

Lucullus.

Flaminius, ich habe dich immer für einen klugen Mann gehalten. Hier auf deine Gesundheit! (Er trinkt ihm zu.)

Flaminius.

Eu'r Gnaden sprechen nach Gefallen.

Lucullus.

Ich habe immer einen raschen und gewandten Geist an dir bemerkt — nein, das gebührt dir, — einen, der weiß, was Vernunft heißt; du kannst dich in die Zeit schicken, wenn die Zeit sich in dich schickt; du hast gute Gaben. (Zu dem Diener.) Geh hinaus, Bursch! (Diener ab.) Komm näher, ehrlicher Flaminius. Dein Herr ist ein freigebiger Ehrenmann; aber du bist klug und weißt ganz gut, obwol du zu mir kommst, daß dies keine Zeit ist, Geld auszuleihen, zumal auf bloße Freundschaft, ohne Sicherheit. Hier sind drei Goldstücke für dich; drück' ein Auge zu, guter Junge, und sage, du habest mich nicht getroffen. Gehab dich wohl!

Flaminius.

Ist's möglich? So verändert ward die Welt,

Und wir doch leben fort? Verdammter Koth,
Geh hin zu dem, der dich verehrt!

(Wirft ihm das Geld vor die Füße.)

Lucullus.

Ha ha, nun sehe ich, du bist ein Narr und passest gut zu
deinem Herrn!

(Lucullus geht ab.)

Flaminius.

Vermehre dies die Zahl, die einst dich brennt;
Geschmolzen Gold sei deine Höllenstrafe,
Du Pest von einem Freunde, nicht ein Freund!
Hat Freundschaft solch ein jämmerliches Milchherz,
Das in zwei Nächten umsteht? O ihr Götter,
Wie meinen Herrn das grimmen wird! Der Lump
An Ehrgefühl hat meines Herren Mahl
Noch in sich; kann's gedeihn und Nahrung werden,
Wenn er zu Gift ward?
O möge Krankheit nur sich draus erzeugen,
Und, liegt er auf den Tod, der Theil der Lebenskraft,
Für den mein Herr bezahlt, unwirksam sein
Zur Heilung, nur verlängern seine Pein!

(Geht ab.)

Zweite Scene.

Ein öffentlicher Platz.

Lucius tritt auf, mit drei Fremden.

Lucius.

Wer? Lord Timon? Er ist mein sehr guter Freund und
ein würdiger Ehrenmann.

Erster Fremder.

Wir wissen nichts anderes von ihm, obwol wir ihm fremd sind.
Aber ich kann Euch etwas mittheilen, Mylord, was ich allerdings
nur von Hörensagen habe: Lord Timon's glückliche Stunden sind
jetzt vergangen und vorbei, und sein Vermögen läßt ihn im Stich.

Dritter Aufzug. Zweite Scene.

Lucius.

O nicht doch, glaubt doch das nicht. An Geld kann es ihm nicht fehlen.

Zweiter Fremder.

Glaubt nur, Mylord, daß ganz vor kurzem einer seiner Leute bei Lord Lucullus war, so und so viel Talente von ihm zu borgen, ja und es außerordentlich dringend machte und zeigte, wie nöthig er's brauche, und dennoch abgewiesen ward.

Lucius.

Wie?

Zweiter Fremder.

Ich sage Euch, abgewiesen, Mylord.

Lucius.

Ein sonderbares Benehmen das! Bei den Göttern, da muß man sich ja schämen. Abgewiesen, einen solchen Ehrenmann? Das zeigt wenig Ehrgefühl. Ich für mein Theil muß bekennen, ich habe einige geringe Freundlichkeiten von ihm empfangen, Geld, Silbergeschirr, Juwelen und dergleichen Bagatellen, nichts im Vergleich mit jenem; doch hätte er sich aus Versehen an mich gewendet, ich würde ihm nimmermehr, da er in Verlegenheit ist, so und so viel Talente geweigert haben.

(Servilius tritt auf.)

Servilius.

Sieh, das trifft sich gut, da ist ja Mylord; ich habe schwitzen müssen, Seine Gnaden zu finden. Verehrter Herr —

Lucius.

Servilius! Freut mich, dich zu treffen. Gehab dich wohl und empfiehl mich deinem würdigen, verehrten Herrn, meinem ganz besondern Freunde.

Servilius.

Mit Euer Gnaden Erlaubniß, mein Herr schickt —

Lucius.

Ha! was schickt er? Ich bin deinem Herrn schon so sehr verpflichtet, er schickt immer. Wie meinst du wol, daß ich ihm danken könnte? Und was schickt er jetzt wieder?

Servilius.

Er schickt Euch nur seine Bitte, ihm beizustehen, Mylord; Euer Gnaden möchten ihm doch gleich mit so und so viel Talenten aus=
helfen (einen Schuldschein vorzeigend).

Lucius.

Ich weiß, der Lord treibt seinen Scherz mit mir. Wie könnt' es ihm an fünfundfunfzighundert Talenten fehlen!

Servilius.

Gnäd'ger Herr, ihm fehlt's
Im Augenblick an weit geringern Summen.
Säh' es so ernst nicht aus mit seiner Lage,
Würd' ich nicht halb so dringend Euch ersuchen.

Lucius.

Sprichst du im Ernst, Servilius?

Servilius.

Bei meiner Seele, Herr, 's ist wirklich so.

Lucius.

Was für eine arge Bestie war ich, mich gerade jetzt von Geld zu entblößen, wo eine so gute Gelegenheit war, mich als einen Mann von Ehre zu zeigen! Wie unglücklich trifft sich's, daß ich gerade gestern einen kleinen Kauf abschloß und dafür heute einen großen Theil Ehre einbüße! Servilius, ich rufe die Götter zu Zeugen, ich bin außer Stande, es zu thun; um so mehr Bestie, sag' ich! Ich wollte eben selbst zu Lord Timon schicken und seine Hülfe in Anspruch nehmen; diese Herren hier können mir's bezeugen; aber um alle Schätze Athens möchte ich jetzt nicht, daß ich es gethan hätte. Empfiehl mich angelegentlich deinem gütigen Herrn, und ich hoffe, Seine Gnaden wird das Beste von mir denken, da es nicht in meiner Macht steht, mich ihm freundlich zu bezeigen. Und sag' ihm dies von mir: ich rechne es unter meine größten Heimsuchungen, daß ich solch einem würdigen, verehrten Mann nicht dienen kann. Guter Servilius, willst du mir die Liebe thun, meine eignen Worte gegen ihn zu gebrauchen?

Servilius.

Ja, Herr, das will ich.

Dritter Aufzug. Zweite Scene.

Lucius.

Ich will sehen, wie ich auch dir einmal was zu Gefallen thun
kann, Servilius. (Servilius geht ab.)
Ihr habt sehr recht, Timon liegt schwer danieder;
Wer den Credit verlor, gedeiht nie wieder.
(Lucius geht ab.)

Erster Fremder.

Bemerkt Ihr dies, Hostilius?

Zweiter Fremder.

Ja, nur zu gut.

Erster Fremder.

So ist die Welt gesinnt. Just von demselben Schlag
Ist jedes Schmeichlers Spiel. Ist der mein Freund,
Der mit mir in dieselbe Schüssel taucht?
Ich weiß, Timon war dieses Mannes Vater,
Stützt' ihm mit seiner Börse den Credit,
Rettet' ihm sein Vermögen; Timon's Gold
Besoldet seine Diener; wenn er trinkt,
So setzt er Timon's Silber an die Lippen.
Und doch — welch Ungeheuer ist der Mensch,
Wenn ihm der Undank aus den Augen sieht! —
Versagt er ihm, was gegen das Empfangne
Nicht mehr ist, als man einem Bettler schenkt.

Dritter Fremder.

Ein frommes Herz empört sich.

Erster Fremder.

Ich für mein Theil,
Ich habe nie von Timon was genossen,
Nichts ward von seinen Gaben mir zutheil,
Mich seinen Freund zu nennen. Doch betheur' ich,
Um seines hohen Sinnes willen, seiner
Erlauchten Tugend, seines Edelmuths:
Hätt' er zu mir geschickt in seiner Noth,
Zu Geld hätt' ich gemacht, was ich besitze,
Und ihm die größre Hälfte heimgezahlt;
So lieb' ich sein Gemüth. Doch merk' ich wol:
Sein Mitleid muß man heut' zu sparen wissen,
Denn Klugheit thront jetzt höher als Gewissen.

(Sie gehen ab.)

Dritte Scene.

Ein Zimmer im Hause des Sempronius.

Sempronius tritt auf und ein Diener Timon's.

Sempronius.

Muß er just mich bestürmen? Hm! Er konnte
Lord Lucius angehn oder Lord Lucullus,
Und jetzt ist auch Ventidius reich genug,
Den aus der Haft er ausgelöst; sie alle
Verdanken ihm ihr Alles.

Diener.

Edler Herr,
Die prüft' er schon; ihr Gold hielt nicht die Probe,
Sie schlugen's all' ihm ab.

Sempronius.

Wie? schlugen's ab?
Ventidius und Lucullus schlugen's ab?
Und jetzt schickt er zu mir? Drei vor mir? Hm!
Das zeigt, daß er mich wenig liebt und kennt.
Ich seine letzte Zuflucht? Seine Freunde geben,
Wie Aerzt', ihn dreimal auf; nun soll ich helfen?
Das kränkt mich, in der That. Ich bin ihm böse,
Daß er mich so zurücksetzt. Mußt' er nicht
In seiner Noth zuerst an mich sich wenden?
Denn ich, auf mein Gewissen, war der erste,
Der jemals was von ihm empfing;
Und denkt er nun so nebenher an mich,
Daß ich zuletzt Ersatz soll schaffen? Nein,
Das würde Stoff nur zum Gelächter geben,
Und allen Lords erschien' ich als ein Narr.
Dreimal die Summe gäb' ich drum, hätt' er
Mich erst beschickt, nur um mein Zartgefühl;
So gern hätt' ich ihm Guts gethan! Jetzt geh nur,
Und zu der andern Spruch sag' ihm auch den:
Wer mich beleidigt, soll mein Geld nicht sehn.

(Er geht ab.)

Diener.

Vortrefflich! Euer Gnaden ist ein kostbarer Schurke! Der
Teufel wußte nicht, was er that, als er die Menschen pfiffig machte;

Dritter Aufzug. Vierte Scene.

er schadete sich selbst dadurch; denn ich kann nicht anders denken,
als daß mit solchen feinen Schurkenstreichen der Mensch sich am
Ende noch aus der Schlinge ziehen wird. Wie sich dieser Lord
die schönste Mühe gab, abscheulich zu erscheinen! Wie tugendsame
Gründe er hat, niederträchtig zu sein! gleich denen, die aus
brünstigem Fanatismus Länder und Reiche in Brand stecken möchten.
Von solcher Art ist seine schlaue Freundschaft.
Dies war die beste Hoffnung meines Herrn.
Nun bleiben nur die Götter; seine Freunde
Sind todt. Die Thüren, die manch üpp'ges Jahr
Den Riegel nicht gekannt, nun müssen sie
Sich schließen, sicher ihren Herrn zu hüten.
Wenn man's zu groß getrieben, geht's so aus:
Hüte dein Geld, sonst hüt'st du noch dein Haus!

Vierte Scene.

Halle in Timon's Hause.

Es treten auf zwei **Diener des Varro** und der **Diener des Lucius**;
sie treffen **Titus, Hortensius** und **andere Diener** von Timon's
Gläubigern, die auf ihn warten.

Varro's Diener.

Schau, Titus und Hortensius; Guten Morgen!

Titus.

Dir gleichfalls, guter Varro!

Hortensius.

Lucius,
Was? treffen wir uns hier?

Lucius' Diener.

Ja, und mich dünkt,
Wir alle haben Ein Geschäft; das meine
Ist Geld.

Titus.

Und so ist ihr's und unsers.
(Philotus tritt auf.)

Lucius' Diener.

Und Herr Philotus auch?

Philotus.

Guten Tag euch allen!

Lucius' Diener.

Willkommen, Kamerad.
Wie spät mag's sein?

Philotus.

Es geht so sacht auf Neun.

Lucius' Diener.

So spät?

Philotus.

Mylord noch nicht zu sehn?

Lucius' Diener.

Noch nicht.

Philotus.

Seltsam; sonst ging er schon um sieben auf.

Lucius' Diener.

Ja wohl; doch seine Tage werden kürzer.
Ihr müßt bedenken, des Verschwenders Lauf
Gleicht dem der Sonne; nur daß er sich nicht erneut.
Ich fürcht', in Timon's Börs' ist tiefer Winter,
Das heißt, so tief man auch die Hand hineinsteckt,
Man findet wenig.

Philotus.

Ja, das fürcht' ich auch.

Titus.

Merk' auf, ich zeig' dir jetzt ein seltsam Ding.
Dein Herr hat dich nach Geld geschickt.

Hortensius.

So ist es.

Titus.

Und trägt Juwelen, die ihm Timon schenkte,
Für die ich Geld bekommen soll!

Hortensius.

Es geht mir gegen die Natur.

Dritter Aufzug. Vierte Scene.

Lucius' Diener.

's ist wundersam:
Timon soll zahlen, was ihm nie zugute kam.
Als forderte dein Herr noch Geld dafür,
Daß er Juwelen trägt!

Hortensius.

Meinen Auftrag hab' ich satt, die Götter wissen's!
Mein Herr hat mit von Timon's Gut gepraßt,
Das macht sein Undank jetzt zum Diebstahl fast.

Erster Diener Varro's.

Dreitausend Kronen fordr' ich. Wieviel du?

Lucius' Diener.

Fünftausend.

Erster Diener Varro's.

's ist viel; und nach der Summe sollt' es scheinen,
Dein Herr vertraut' ihm mehr als meiner; sonst
Beliefe sich's gleich hoch.

(Flaminius tritt auf.)

Titus.

Einer von Lord Timon's Leuten.

Lucius' Diener.

Flaminius! Freund, nur ein Wort. Bitte, wird dein Herr
bald herauskommen?

Flaminius.

Nein, gewiß nicht.

Titus.

Wir warten auf Seine Lordschaft; bitte, laß ihn das wissen.

Flaminius.

Das brauche ich ihm nicht zu sagen; er weiß, ihr wartet nur
zu gerne auf. (Flaminius geht ab.)

(Flavius tritt auf, in einen Mantel vermummt.)

Lucius' Diener.

Ist der Vermummte da nicht sein Verwalter?
Er geht in einer Wolle; ruft ihn, ruft ihn!

Titus.

Hört Ihr nicht, Herr?

Erster Diener Varro's.
Mit Eurer Erlaubniß, Herr —

Flavius.
Was wollt Ihr von mir, Freund?

Titus.
Wir warten hier auf unser Geld, Herr.

Flavius.
Ja,
Wenn Geld so sicher wär' als euer Warten,
So wär's hinlänglich sicher. Warum brachtet
Ihr eure Scheine nicht und Wechsel vor,
Als eure falschen Herrn bei Mylord schwelgten?
Da schwänzelten sie lächelnd, trotz der Schulden,
Und schlangen ihre Zinsen gierig ein.
Es frommt euch wahrlich nichts, mich aufzubringen;
Laßt mich nur ruhig gehn,
Und glaubt es mir, mein Herr und ich sind eben
Zu Ende, ich mit Rechnen, er mit Geben.

Lucius' Diener.
Ja wohl, doch diese Antwort dient uns nicht.

Flavius.
Dient sie nicht, ist sie besser doch als ihr,
Denn ihr dient Schelmen.

(Er geht ab.)

Erster Diener Varro's.
Holla, was murmelt da Seine abgedankte Herrlichkeit?

Zweiter Diener Varro's.
Laßt ihn! Er ist arm, und das ist Strafe genug. Wer nimmt das Maul voller als einer, der kein Dach und Fach hat, wo er sein Haupt niederlegen kann? Solche Leute mögen immerhin auf große Häuser schelten.

(Servilius tritt auf.)

Titus.
O, da ist Servilius. Nun werden wir wol eine Antwort bekommen.

Dritter Aufzug. Vierte Scene.

Servilius.

Wenn ich euch bitten darf, ihr Herren, so kommt zu einer andern Stunde wieder; es wäre mir sehr damit gedient. Denn, glaubt mir's, bei meiner Seele, mein Herr ist außerordentlich verstimmt. Seine behagliche Laune hat ihn verlassen; er ist sehr unwohl und hütet sein Zimmer.

Lucius' Diener.

Ihr Zimmer hüten manche, die nicht krank sind;
Und steht's mit ihm so übel, sollt' er, dünkt mich,
Nur um so rascher seine Schulden zahlen,
Den Weg sich frei zu machen zu den Göttern.

Servilius.

Ihr güt'gen Götter!

Titus.

Wir können dies für keine Antwort nehmen.

Flaminius (drinnen).

Servilius, Hülfe! — O mein gnäd'ger Herr!

(Timon tritt auf, in einem Wuthanfall. Flaminius folgt ihm.)

Timon.

Was? sperrt die eigne Thüre mir den Durchgang?
War ich nicht immer frei, und muß mein Haus
Mein Feind nun werden, der mich hält, mein Kerker?
Der Schauplatz meiner Feste, zeigt er nun,
Wie alle Menschen, mir ein eisern Herz?

Lucius' Diener.

Mach' dich jetzt an ihn, Titus.

Titus.

Mylord, hier ist mein Schuldschein.

Lucius' Diener.

Hier ist meiner.

Hortensius' Diener.

Und meiner, Mylord.

Die beiden Diener Varro's.

Und die unsern, Mylord.

Philotus.

All unsre Wechsel.

Timon.

Schlagt mich damit zu Boden; spaltet mich
Bis an den Gürtel!

Lucius' Diener.

Ach, gnäd'ger Herr —

Timon.

Zerstückt mein Herz und münzt es!

Titus.

Ich bekomme funfzig Talente.

Timon.

Zählt mein Blut aus —

Lucius' Diener.

Fünftausend Kronen, Mylord!

Timon.

Fünftausend Tropfen machen dich bezahlt. —
Und du? — Und du?

Erster Diener Varro's.

Mylord —

Zweiter Diener Varro's.

Mylord —

Timon.

Zerreißt mich, nehmt mich hin, und euch ereile
Der Zorn der Götter!

(Geht ab.)

Hortensius.

Wahrhaftig, ich merke, unsere Herren mögen ihre Mützen nach
ihrem Gelde werfen; diese Schulden kann man wol verlorene
nennen, da sie einer zahlen soll, der den Verstand verloren hat.

(Sie gehen alle ab.)

(Timon und Flavius treten wieder auf.)

Timon.

Sie raubten selbst die Luft mir, diese Sklaven.
Gläubiger — Teufel!

Flavius.

Mein theurer Herr —

Dritter Aufzug. Fünfte Scene.

Timon.

Wie, wenn ich's so anstellte?

Flavius.

Herr —

Timon.

So soll es sein. — Mein Hausverwalter!

Flavius.

Hier, gnäd'ger Herr.

Timon.

So bei der Hand? Geh, lad' all meine Freunde wieder,
Lucius, Lucullus und Sempronius, alle.
Noch einmal soll'n die Schufte bei mir schmausen.

Flavius.

O Herr, so sprecht Ihr aus verstörter Seele.
Es blieb ja nicht so viel, ein mäßig Gastmahl
Noch auszurichten.

Timon.

Das sei meine Sorge.
Geh, ich befehl' dir's, lade alle,
Laß einmal noch die Schurkenflut herein;
Mein Koch und ich stehn für das andre ein.

(Sie gehen ab.)

Fünfte Scene.

Das Haus des Senats.

Der Senat ist versammelt. **Alcibiades** (tritt ein, mit Gefolge).

Erster Senator.

Ich stimme für den Tod. Die Schuld ist blutig,
Drum muß der Thäter sterben.
Nichts macht die Sünde lecker als die Gnade.

Zweiter Senator.

Sehr richtig. Das Gesetz soll ihn zermalmen.

Alcibiades.
Heil, Ehr' und Milde wohne beim Senat!
Erster Senator.
Was bringt Ihr, Feldherr?
Alcibiades.
Demüthig wend' ich mich an eure Tugend,
Denn Mitleid ist die Tugend des Gesetzes,
Und nur Tyrannen strafen schonungslos.
Es liegen Zeit und Schicksal schwer auf einem
Von meinen Freunden, den sein heißes Blut
Trieb übers Ufer des Gesetzes, wo
Der Unbedachte grundlos untersinkt.
Er ist ein Mann, dies Schicksal abgerechnet,
Von schönen Tugenden; auch hat er nicht
Mit Feigheit seine That befleckt, ein Ruhm
Der sein Vergehn entsühnen sollte; nein,
In einer edlen Wuth, hochsinnigen Geistes,
Da er zu Tod verletzt die Ehre sah,
Stellt' er sich seinem Feinde.
So nüchtern, mit verhaltner Leidenschaft
Beherrscht' er seinen Grimm, bis er gekühlt,
Als hätten sie im Wortkampf nur gespielt.

Erster Senator.
Ihr unternehmt ein allzu Widersinn'ges,
Bemüht, ein schwarz Vergehen weißzubrennen.
Es sieht fast aus, als wolltet Ihr den Mord
Zu Ehren bringen, über echten Muth
Die Rauflust stellen, die in Wahrheit doch
Nur misgeborner Muth ist und zur Welt kam,
Als Sekten und Partei'n das Licht erblickten.
Nur der hat wahren Muth, der weise hinnimmt,
Was auch ein Mensch an Schnödigkeiten sagt,
Wer Kränkung außen an sich hängen läßt,
Wie seine Kleider, die er sorglos trägt,
Wer keine Schmach sich so zu Herzen nimmt,
Daß sie sein Blut vergiftet.
Ist Schimpf ein Fleck, mit Blut nur auszuwetzen,
Wer wird an einen Fleck sein Leben setzen?

Alcibiades.
Mylord —

Dritter Aufzug.   Fünfte Scene.

Erster Senator.

Kein Reden macht so grobe Sünden gut;
Im Rächen nicht, im Dulden zeigt sich Muth.

Alcibiades.

Dann, werthe Herrn, wollt mir mit Gunst verzeihn,
Wenn ich als Feldherr spreche.
Was wagen Thoren in der Schlacht ihr Leben,
Statt allen Hohn zu dulden, einzuschlafen,
Und während friedlich sie der Feind entgurgelt,
Sich nicht zu rühren? Wenn im Dulden nur
Wir echten Muth bewähren, warum ziehn wir
Zu Feld? Ei, wenn das Dulden Ehre bringt,
Sind Weiber tapfrer, die zu Hause bleiben.
Dann ist der Esel kühner als der Leu,
Der Kerl, der Eisen schleppt, ist weiser als der Richter,
Wenn Dulden Weisheit ist. O werthe Herrn,
Seid, wie ihr groß seid, mildgesinnt und gut;
Gar leicht verdammt man Zorn bei kaltem Blut.
Der sündigt schwer, der sich des Mords erfrecht;
Doch Nothwehr — bei den Göttern! — ist gerecht.
In Zorn gerathen, ist wol schwere Sünde;
Doch wo ist der, der stets ihm widerstünde?
Hiernach wägt sein Vergehn.

Zweiter Senator.

Ihr sprecht umsonst.

Alcibiades.

Umsonst? Traun, seine Dienste
In Lacedämon und Byzantium
Genügten wol, sein Leben zu erkaufen.

Erster Senator.

Was soll das?

Alcibiades.

Nun, ich meine, werthe Herrn,
Er hat sich wohl um euch verdient gemacht
Und manchen eurer Feind' im Feld erschlagen.
Wie kühn und mannhaft hielt er sich noch jüngst
Im letzten Treffen, wie viel Wunden schlug er!

Zweiter Senator.

Er hat der Wunden nur zu viel geschlagen,
Er ist ein rechter Raufbold

Und hat ein Laster, das ihn oft ersäuft
Und seinen Muth in Haft nimmt.
Gäb's keinen andern Feind, der g'nügte schon,
Ihn zu bewält'gen. Wie man weiß, begeht er
Das Schnödeste in seiner thierischen Wuth
Und hält's mit Meutrern. 's ist bewiesen klärlich:
Schlecht ist sein Wandel und sein Rausch gefährlich.

Erster Senator.

Er stirbt.

Alcibiades.

's ist hart. Er hätt' im Kriege fallen sollen.
Ihr Herrn, wenn nichts an ihm denn für ihn spricht,
Obschon sein rechter Arm das Leben ihm
Erkaufen könnt' ohn' eines Mittlers Hülfe —
Doch, um euch mehr zu rühren:
Legt mein Verdienst zu seinem, eint sie beide,
Und da ich weiß, eu'r würd'ges Alter gibt
Auf Sicherheiten, setz' ich meine Sieg'
Und Ehren euch zum Pfand, er lohnt es redlich.
Hat er sein Leben durch die That verwirkt,
Zahl' er's dem Kriege, fallend im Gefecht;
Denn Krieg ist strenge, trotz Gesetz und Recht.

Erster Senator.

Wir hüten das Gesetz. Er stirbt. Nichts mehr,
Bei unserm Zorn! Freund oder Blutsgenoß —
Sein Blut verwirkt, wer fremdes Blut vergoß.

Alcibiades.

Muß es denn sein? Es muß nicht. Edle Herrn,
Erkennt mich doch, ich bitt' euch!

Zweiter Senator.

Wie?

Alcibiades.

Ruft mich zurück in eu'r Gedächtniß!

Dritter Senator.

Was?

Dritter Aufzug. Fünfte Scene.

Alcibiades.
Ich kann nur glauben,
Daß ihr vor hohem Alter mich vergaßt.
Wie könnt' ich sonst im Werth so niedrig stehn,
Um so geringe Gunst umsonst zu flehn?
All meine Wunden brennen!

Erster Senator.
Trotzt Ihr unserm Zorn?
Er macht nicht viele Worte, doch gewicht'ge:
Du bist verbannt auf ewig!

Alcibiades.
Ich verbannt?
Verbannt erst eure Thorheit, euern Wucher,
Der den Senat entehrt!

Erster Senator.
Wenn nach zwei Tagen dich Athen noch birgt,
Erwarte härtern Spruch! — Und jetzt, um nicht noch mehr
Uns aufzuregen, sterbe jener gleich!

(Die Senatoren gehen ab.)

Alcibiades.
So mögen denn die Götter euch so lang
Am Leben lassen, bis ihr zu Gerippen
Einschrumpft und niemand mehr euch ansehn mag.
Es macht mich toll. Ich focht mit ihren Feinden,
Indeß ihr Geld sie zählten und es ausliehn
Zu hohen Zinsen, da ich selbst nur reich ward
An hohen Beulen; und für die nun das?
Ist das der Balsam, den der wuchernde
Senat in Feldherrnwunden träuft? Verbannung?
's ist nicht so schlimm; ich bin ganz gern verbannt.
Nun hat mein Grimm und Unmuth eine Ursach,
Athen zu zücht'gen. Mein verbroßnes Heer
Feur' ich nun an und werbe mir die Herzen.
Ruhm bringt's, mit vielen Ländern es zu wagen,
Und gleich den Göttern soll kein Kriegsmann Schimpf ertragen.

(Er geht ab.)

Sechste Scene.

Ein Festsaal in Timon's Hause.

Musik. Tische sind gedeckt. Diener stehen umher. **Mehrere Lords**
(treten zu verschiedenen Thüren ein).

Erster Lord.

Ich wünsche Euch guten Tag, Herr.

Zweiter Lord.

Euch gleichfalls. Mir scheint, der ehrenwerthe Lord wollte uns neulich blos auf die Probe stellen.

Erster Lord.

Eben darüber dachte ich nach, als wir uns begegneten. Ich hoffe, es steht nicht so schlimm mit ihm, wie er vorgab, als er seine verschiedenen Freunde prüfen wollte.

Zweiter Lord.

Das kann wol nicht sein, nach diesem neuen Festmahl zu schließen.

Erster Lord.

So meine ich auch. Er schickte mir eine dringende Einladung, die abzuschlagen ich viele wichtige Gründe hatte; doch sein inständiges Bitten überwog, und so bin ich hier.

Zweiter Lord.

Auch ich durfte mich eigentlich meinen sehr bringlichen Geschäften nicht entziehen, aber er wollte keine Entschuldigung annehmen. Es thut mir leid, daß gerade meine Kasse leer war, als er um ein Darlehn zu mir schickte.

Erster Lord.

Ich bin fast krank an demselben Aerger, da ich nun wol sehe, wie die Sachen stehen.

Zweiter Lord.

So geht es hier einem jeden. Wie viel hat er von Euch borgen wollen?

Erster Lord.

Tausend Goldstücke.

Dritter Aufzug. Sechste Scene.

Zweiter Lord.

Nur tausend Goldstücke!

Erster Lord.

Wie viel von Euch?

Dritter Lord.

Er schickte zu mir — Doch hier kommt er.

(Timon tritt auf, mit Dienern.)

Timon.

Von Herzen der Eure, ihr beiden werthen Herrn. Und wie ergeht's euch?

Erster Lord.

Immer aufs beste, wenn wir hören, daß es Euer Lordschaft wohl geht.

Zweiter Lord.

Die Schwalbe folgt dem Sommer nicht williger als wir Eurer Lordschaft.

Timon (bei Seite).

Noch flieht sie eiliger vor dem Winter. Solche Sommervögel sind die Menschen! (Laut.) Unser Mahl, ihr Herren, wird die Mühe des langen Wartens nicht verlohnen. Sättigt eure Ohren inzwischen an der Musik, wenn sie eine so harte Speise wie Trompetenklang verdauen können. Wir wollen gleich zu Tische.

Erster Lord.

Ich hoffe, Euer Gnaden tragen es mir nicht nach, daß ich Euern Boten mit leeren Händen zurückschickte.

Timon.

O Herr, laßt Euch das nicht bekümmern!

Zweiter Lord.

Mein edler Lord —

Timon.

Ah, mein lieber Freund, was gibt es Gutes?

(Das Banket wird aufgetragen.)

Zweiter Lord.

Mein sehr verehrter Lord, ich bin wahrhaft krank vor Scham, daß, als Euer Gnaden neulich zu mir schickte, ich ein so unseliger Bettler war.

Timon.

Denkt nicht daran, Herr!

Zweiter Lord.

Hättet Ihr nur zwei Stunden früher geschickt —

Timon.

Laßt Euch dadurch nicht in angenehmern Gedanken stören! — Kommt, tragt alles auf einmal auf.

Zweiter Lord.

Alle Speisen zugedeckt.

Erster Lord.

Ein königliches Mahl, dafür steh' ich Euch.

Dritter Lord.

Kein Zweifel; was Geld und die Jahreszeit nur irgend liefern können.

Erster Lord.

Wie geht's Euch? Was gibt's Neues?

Dritter Lord.

Alcibiades ist verbannt; hörtet Ihr schon davon?

Erster und zweiter Lord.

Alcibiades verbannt?

Dritter Lord.

So ist's; verlaßt Euch drauf.

Erster Lord.

Warum? warum?

Zweiter Lord.

Ich bitt' Euch, aus welchem Grunde?

Timon.

Meine würd'gen Freunde, wollt ihr näher treten?

Dritter Aufzug. Sechste Scene.

Dritter Lord.

Ich sag' euch hernach mehr davon. Hier erwartet uns ein köstlicher Schmaus.

Zweiter Lord.

Unser Wirth ist noch der alte.

Dritter Lord.

Hält's vor? Hält's vor?

Zweiter Lord.

Ja; doch mit der Zeit, — und dann —

Dritter Lord.

Ich verstehe.

Timon.

Jeder an seinen Platz, so eilig wie zum Kuß der Geliebten! Die Bewirthung wird auf allen Plätzen gleich sein. Macht kein Rathhausmahl daraus und laßt die Speisen kalt werden, eh' wir uns über den Ehrenplatz vereinigen. Setzt euch, setzt euch! — Die Götter fordern unsern Dank.

„Ihr großen Wohlthäter, sprengt Dankbarkeit herab auf unsere Gesellschaft. Sorgt selbst dafür, daß man euch für eure Gaben preist; aber behaltet noch etwas zurück, damit eure Gottheiten nicht verachtet werden. Verleiht jedermann so viel, daß keiner dem andern zu leihen braucht; denn müßten eure Gottheiten je von Menschen borgen, würden die Menschen die Götter im Stich lassen. Macht, daß man das Gastmahl liebt, mehr als den, der es gibt. Laßt nicht sechzehn Menschen beisammen sein ohne eine Mandel Schurken. Wenn zwölf Weiber bei Tische sitzen, laßt ein Dutzend von ihnen sein — was sie sind. Wollt ihr noch sonst was gewähren, ihr Götter: Athens Senat sammt dem gemeinen Troß des Volkes — was in ihnen faul ist, macht zum Verderben reif! Diese meine gegenwärtigen Freunde, da sie mir nichts sind, so segnet sie in nichts! Und auf nichts lad' ich sie hiermit ein."

Deckt auf, ihr Hund', und leckt!

(Die Schüsseln werden aufgedeckt und sind alle mit warmem Wasser angefüllt.)

Einige.

Was meint nur Seine Lordschaft?

Andere.

Ich weiß nicht.

Timon.

Mögt ihr ein beſſres Gaſtmahl nimmer ſchaun,
Ihr Rotte von Maulfreunden! Dampf und lauwarm Waſſer
Iſt eure Treue. Dies iſt Timon's Letztes,
Der eurer Schmeicheleien Schmink' und Tünche
Abwäſcht und eure rauchende Niedertracht
Euch ins Geſicht gießt. Lebt euch ſelbſt zum Ekel lange,

(Er gießt ihnen Waſſer ins Geſicht.)

Verabſcheut als ſüßgrinſende Schmarotzer,
Höfliche Mörder, ſanfte Wölfe, glatte Bären,
Ihr Narr'n des Glücks, Tiſchfreunde, Eintagsfliegen,
Kratzfüß'ge Wichte, Dünſte, Wetterhähne!
Das ganze Seuchenheer von Menſch und Vieh
Befall' und überſchupp' euch. — Was? Du gehſt?
Sacht, nimm noch erſt Arznei — auch du — und du!

(Er wirft die Schüſſeln nach ihnen.)

Wart' doch; ich leih' dir Geld, ich borge keins. —
Wie, alles läuft? Hinfort bei jedem Feſte
Sei'n alle Schurken gerngeſeh'ne Gäſte!
Verbrenne, Haus und Stadt! Dem Haß geweiht
Sei nun der Menſch und alle Menſchlichkeit!

(Er geht ab.)

(Die Lords treten wieder auf, mit andern Lords und Senatoren.)

Erſter Lord.

Was ſagt ihr nun, ihr Herren?

Zweiter Lord.

Wißt ihr, von welcher Art Lord Timon's Wahnſinn?

Dritter Lord.

Pah! — Saht ihr meine Mütze?

Vierter Lord.

Ich habe meinen Mantel verloren.

Dritter Lord.

Er iſt nur eben ein toller Lord, und nur eine Laune beherrſcht ihn. Er ſchenkte mir neulich ein Juwel, und jetzt hat er mir's vom Hut geſchlagen. — Sah keiner mein Juwel?

Vierter Aufzug. Erste Scene.

Vierter Lord.

Hat keiner meine Mütze gesehn?

Zweiter Lord.

Hier ist sie.

Vierter Lord.

Hier liegt mein Mantel.

Erster Lord.

Machen wir, daß wir fortkommen.

Zweiter Lord.

Timon ist toll.

Dritter Lord.

Mein Rücken trägt die Spur.

Vierter Lord.

Statt Edelsteine gab's heut Steine nur.

(Sie gehen ab.)

Vierter Aufzug.

Erste Scene.

Außerhalb der Mauern von Athen.

Timon (tritt auf).

Timon.

Noch einmal blick' ich nach dir um. O Mauer,
Die diese Wölfe birgt, sink in die Erde,
Statt dies Athen zu schirmen! Buhlt, Matronen,
Ihr Kinder, trotzt den Aeltern! Narr'n und Sklaven,
Reißt des Senats Grauköpfe von den Bänken

Und herrscht an ihrer Statt! Zu feilem Schmuz
Entart' im Nu kaum reifer Jungfraun Tugend
Vor ihrer Aeltern Augen! Bankrottirer,
Eh' ihr den Raub herausgebt, greift zum Messer,
Entgurgelt eure Gläub'ger! Stehlt, ihr Diener;
Langfinger nur sind eure würd'gen Herrn
Und plündern kraft des Rechts. Zu deinem Herrn
Ins Bette, Magd! Die Frau ist im Bordell.
Du sechzehnjähriger Sohn, die Polsterkrücke
Reiß deinem lahmen Vater weg und schlag ihm
Mit ihr das Hirn ein! Frömmigkeit und Scheu,
Furcht vor den Göttern, Friede, Recht und Wahrheit,
Hausordnung, Nachtruh', nachbarliche Freundschaft,
Erziehung, Sitte, Handel und Gewerb,
Gesetz und Brauch und Standesunterschied,
Verfallt, verkehrt euch in das Gegentheil,
Und nur das Chaos walte! Seuchen, die ihr
Auf Menschen fallt, häuft eure gift'gen Fieber
Auf dies Athen, das reif zum Fall! Verkrümme,
Hüftweh, die Glieder unsrer Senatoren,
Mach' sie gleich lahm an Leib und Seele! Frechheit
Und Wollust schleich' in Mark und Herz der Jugend,
Daß sie, dem Tugendstrom entgegenschwimmend,
In Wüstheit sich ersäuft! Geschwür' und Beulen,
Besät die Brüste zu Athen, daß alle
Den Aussatz ernten! Hauch steck' an den Hauch,
Und ihr Verkehr, wie ihre Freundschaft, sei
Nur Gift um Gift! Nichts trag' ich aus dir fort
Als meine Nacktheit, du verruchte Stadt.
Nimm auch noch das, mit tausendfachen Flüchen!

(Er wirft sein Gewand ab.)

Timon geht in den Wald. Das wild'ste Thier
Ist menschenfreundlicher als Menschen hier.
Ihr güt'gen Götter all, erhört mein Flehn,
Laßt, was Athener heißt, zu Grunde gehn,
Und mit den Jahren Timon's wachse noch
Sein Haß auf alle, niedrig oder hoch!
Amen!

(Er geht ab.)

Zweite Scene.

Athen. Ein Zimmer in Timon's Hause.

Flavius tritt auf mit zwei oder drei Dienern.

Erster Diener.

Sagt, Haushofmeister, wo ist unser Herr?
Sind wir aufs Trockne? abgedankt? Nichts übrig?

Flavius.

Ach, liebe Leute, was soll ich euch sagen?
So wahr mich die gerechten Götter hören,
Ich bin so arm wie ihr.

Erster Diener.

Solch Haus gestürzt!
Solch edler Herr bankrott! Und alles hin,
Und nicht ein Freund, sein Glück beim Arm zu nehmen
Und so ihm fortzuhelfen!

Zweiter Diener.

Wie wir unserm Freund,
Den wir ins Grab gelegt, den Rücken wenden,
So schleichen seines nun begrabnen Reichthums
Hausfreunde fort und lassen ihm, gleich Börsen,
Die Diebe leerten, ihre hohlen Schwüre.
Und er, ein Bettler, dem die Luft nur blieb,
Mit dem Gebresten allgemiedner Armuth,
Geht einsam wie die Schmach. — Noch mehr Kam'raden!

(Andere Diener treten auf.)

Flavius.

Trümmer und Scherben des zerstörten Hausraths!

Dritter Diener.

Doch unser Herz trägt Timon's Liverei,
Das steht uns auf der Stirne. Wir sind noch Kam'raden
Im Dienst des Kummers. Leck ward unser Schiff;

Wir armen Seeleut' stehn auf sinkendem Deck,
Von Wogen rings umbraust; wir müssen scheiden
In dieses Meer von Luft.

Flavius.

     Ihr guten Freunde,
Ich will mein Letztes theilen unter euch.
Wo wir uns treffen, laßt, um Timon's willen,
Uns noch Kam'raden sein, kopfschüttelnd sprechen —
Gleichsam ein Grabgeläut dem Glück des Herrn —
„Wir sahn einst beßre Tage!" Jedem etwas!

(Er gibt ihnen Geld.)

Nein, streckt die Hände aus. Und nun kein Wort mehr!
Wir scheiden, wenn auch arm, doch reich an Leid.

(Sie umarmen sich und gehen nach verschiedenen Seiten ab.)

O in wie grauses Elend stürzt der Glanz!
Wer möchte nicht des Goldes stets entrathen,
Wenn Reiche so in Schmach und Noth gerathen?
Wer möchte so vom Glanz sich narren lassen,
So leben in erträumter Freundschaft; Prunk
Und alles, was uns Ansehn schafft, besitzen,
Doch nur gemalt, wie die geschminkten Freunde?
Mein armer Herr, durch seine Herzensgüte
Zu Grund gerichtet! Seltnes Herz fürwahr,
Deß schlimmster Fehl Unmaß im Guten war!
Wer wagt je wieder, halb so gut zu sein?
Güte, die göttlich macht, schafft Menschen Pein.
Mein theurer Herr — nur dir zum Fluch gesegnet,
Nur reich zu deiner Qual! — dein großes Glück
Ward nun dein größtes Unglück. Ach, der Gute,
In Wuth entstürmt' er diesem Sitz des Undanks
Hartherz'ger Freunde.
Nichts nahm er mit zur Fristung seines Lebens,
Nichts, Nahrung sich zu kaufen.
Ich will ihm nach und forschen, wo er haust,
Will seinem Dienst, so gut ich kann, mich weihn,
Solang ein Pfennig bleibt, noch sein Verwalter sein.

(Er geht ab.)

Vierter Aufzug. Dritte Scene.

Dritte Scene.

Wald.

Timon (tritt auf).

O Sonne, Segenspenderin, nun sauge
Giftdünste, die den Luftkreis deiner Schwester
Verpesten! Zwillingsbrüder Eines Schoßes,
An Zeugung, Wohnung und Geburt kaum trennbar,
Versuch' sie durch verschiednes Glück, so kehrt sich
Der Höhre vom Geringern ab. Natur,
Von Uebeln rings bedrängt, kann großes Glück
Nur tragen, wenn sie Hohn spricht der Natur.
Mach diesen Bettler reich, arm jenen Lord:
Und den Senator wird Verachtung treffen,
So erblich, wie der Bettler Ehren erntet.
Die Fütt'rung macht den einen Bruder fett,
Hunger den andern schmächtig. Und wer darf
In reiner Manneswürde aufrecht stehn
Und sagen: dieser Mann da ist ein Schmeichler?
Ist's Einer, sind es alle; jeder Staffel
Des Glücks schmiegt sich die untre; der Gelehrte
Bückt sich dem goldnen Dummkopf. Krumm ist alles,
Nichts geht gradaus in dieser Welt des Fluchs,
Als offne Bosheit. Darum seid verabscheut,
Gelage, Feste, wo's von Menschen wimmelt!
Den Nächsten, ja sich selbst verachtet Timon.
Fort mit der Menschheit! — Erde, gib mir Wurzeln!

(Er gräbt.)

Wer Beßres in dir sucht, dem würz' den Gaumen
Mit deinem schärfsten Gift. — Was find' ich hier?
Gold? kostbar, gleißend, gelbes Gold? Nein, Götter,
Um Eitles bet' ich nicht. Wurzeln, du reiner Himmel!
So viel von dem
(eine Hand voll Gold aufnehmend)
macht Weiß aus Schwarz, aus Häßlich Schön,
Macht Unrecht recht, Schlecht gut, Alt jung, Feig tapfer.
Ha, Götter, warum dies? Was soll dies, Götter?
Dies lockt euch eure Priester von der Seite,

5*

Reißt lebenskräft'gen Menschen unterm Kopf
Das Kissen weg. Der gelbe Sklave knüpft
Und löst geweihte Bande, segnet den Verfluchten,
Macht Eiterbeulen liebenswerth, hilft Dieben
Zu Aemtern, Titeln, Ehr' und Anerkennung
Auf Einer Bank mit Senatoren; er ist's,
Der überjähr'gen Wittwen Freier schafft
Und Eine, die Pesthaus und Spittel selbst
Zum Ekel reizte, neu mit Würz' und Balsam
Zum Lenz verjüngt. Komm, du verfluchter Staub,
Der Menschheit Gassenhure, die du Volk
Mit Volk verfeindest; nun sollst du mir thun
Nach deiner wahren Art.

(Man hört einen Marsch in der Ferne.)

Ha, eine Trommel! —
Du bist lebendig;
Dennoch begrab' ich dich. Du wirst noch laufen.
Du starker Dieb, wenn deine gichtischen Hüter
Nicht stehn mehr können. Nein, das bleib' als Handgeld!

(Er behält einiges Gold zurück.)

(Alcibiades tritt auf, mit einem Trommler und einem Pfeifer, in kriegerischer Haltung. Ihm folgen Phrynia und Timandra.)

Alcibiades.

Du da, wer bist du, sprich?

Timon.

Ein Thier, wie du. Dein Herz zerfresse Fäulniß,
Weil du mir wieder Menschenaugen zeigst.

Alcibiades.

Wie heißest du? Bist du nicht selbst ein Mensch
Und hassest so die Menschen?

Timon.

Ich bin Misanthropos und hasse Menschheit.
Was dich betrifft, wünscht' ich, du wärst ein Hund,
Dann liebt' ich dich ein wenig.

Alcibiades.

Ich kenne dich sehr wohl;
Allein dein Schicksal ist mir neu und fremd.

Vierter Aufzug. Dritte Scene.

Timon.

Ich weiß auch, wer du bist, und mehr als das
Will ich nicht wissen. Folge deiner Trommel,
Färbe mit Menschenblut den Grund roth, roth.
Grausam sind Gotteswort und Menschensatzung;
Sollt' es der Krieg nicht sein? Hier deine Hure
Trägt mehr Zerstörung in sich, als dein Schwert,
Trotz ihrem Cherubsblick.

Phrynia.

Daß dir die Lippen faulen!

Timon.

Komm, laß dich küssen, daß die Fäulniß wieder
Zu deinem Mund zurückkehrt.

Alcibiades.

Wie ward der edle Timon so verwandelt?

Timon.

So wie der Mond, wenn ihn sein Licht verläßt.
Doch konnt' ich nicht, dem Mond gleich, mich erneun.
Mir borgten keine Sonnen.

Alcibiades.

Edler Timon, was kann ich dir zu Liebe thun?

Timon.

Nichts, als mich in meiner Meinung zu bestärken.

Alcibiades.

In welcher, Timon?

Timon.

Versprich mir Freundschaft, aber halte sie nicht. Willst du sie
nicht versprechen, so mögen dich die Götter strafen, denn du bist
ein Mensch! Willst du sie halten, mögen sie dich verderben, denn
du bist ein Mensch!

Alcibiades.

Ich hörte mancherlei von deinem Unglück.

Timon.

Du sahst es damals, als ich noch im Glück war.

Alcibiades.
Jetzt seh' ich's; damals hatt'st du frohe Zeit.
Timon.
Wie du jetzt — mit zwei Huren Arm in Arm.
Timandra.
Ist dies der Liebling von Athen, von dem
Die Welt so rühmlich sprach?
Timon.
   Bist du Timandra?
Timandra.
        Ja.
Timon.
Bleib Hure! Wer dich braucht, der liebt dich nicht.
Gib jedem Krankheit, der dir Wollust bringt.
Nutz' deine Brunstzeit; mach' die Wichte reif
Für Bad und Schwitzfaß, rosenwangige Jugend
Für strenge Fastencur.
Timandra.
   Häng dich, du Scheusal!
Alcibiades.
Süße Timandra, zürn' ihm nicht. Sein Geist
Ertrank und ging in seinem Unglück unter. —
Nur wenig Gold besitz' ich, wackrer Timon,
Ein Mangel, der mein hungerleidend Heer
Täglich zum Murren bringt. Mit Kummer hört' ich,
Wie schnöd Athen, vergessend deines Werths
Und deiner Thaten, als dein Schwert und Gold
Allein der Nachbarn frechen Einbruch hemmte —
Timon.
Bitte, schlag deine Trommel und geh weg!
Alcibiades.
Ich bin voll Lieb' und Mitleid, theurer Timon.
Timon.
Mitleid mit dem, den du belästigst? Geh,
Ich will allein sein.

Vierter Aufzug. Dritte Scene.

Alcibiades.
Nun, so fahr' denn wohl!
Nimm hier dies Gold.
Timon.
Behalt's! Ich kann's nicht essen.
Alcibiades.
Wenn ich den Stolz Athens zu Fall gebracht —
Timon.
Bist du im Kriege mit Athen?
Alcibiades.
Ja, Timon, und aus gutem Grund.
Timon.
Die Götter mögen sie alle verderben durch deinen Feldzug, und dich hernach, wenn du sie besiegt hast.

Alcibiades.
Warum mich, Timon?
Timon.
Weil du, indem du Schurken tödtest, zugleich dazu geboren wurdest, mein Vaterland zu erobern.
Nimm nur dein Gold; geh! Hier ist mehr Gold; geh!
Sei wie Planetenpest, wenn Jupiter
Sein Gift aus kranker Luft herniederträuft
Auf eine sündenschwangre Stadt. Dein Schwert
Verschone keinen; nicht den würd'gen Greis
Um seinen weißen Bart; er ist ein Wuchrer.
Triff mitleidslos die heuchelnde Matrone.
Es ist ihr Aeußres nur, das ehrbar scheint;
Sie selber kuppelt. Laß der Jungfrau Wange
Dein schneidig Schwert nicht stumpfen; diese Milchbrust,
Die Männeraugen kirrt durchs Fenstergitter,
Steh auf dem Blatt der Gnade nicht verzeichnet,
Nein, unter schändlichen Verräthern! Schone
Des Säuglings nicht, deß Lächelgrübchen Narren
Mitleid entlocken; denk, es sei ein Bastard,
Von dem ein dunkler Götterspruch geweissagt,
Erwürgen werd' er dich.
Zerstück' ihn reuelos! Fluch' allen Wesen!

Leg' einen Panzer um dein Aug' und Ohr,
Den kein Geheul der Mütter, Jungfraun, Kinder
Und Priester, die im Festgewand verbluten,
Durchdringen kann. Hier — Gold für deine Krieger.
Rings stifte Greuel, und wenn deine Wuth
Erlosch, geh selbst zu Grunde! Schweig und geh!

Alcibiades.

Hast du noch Gold? Dein Gold will ich wol nehmen,
Doch nicht all deinen Rath.

Timon.

Thu's, oder thu' es nicht: fluch' dir der Himmel!

Phrynia und Timandra.

Gib uns Gold, guter Timon. Hast du mehr?

Timon.

Genug, daß Huren ihr Gewerb verschwören
Und Kupplerinnen nicht mehr Huren werben.
Die Schürzen auf, ihr Nickel! Ihr seid nicht eidesfähig,
Obwol ihr so entsetzlich schwören würdet,
Daß Fieberschauer selbst die ew'gen Götter
Befielen, die euch hörten — spart die Schwüre;
Mir bürgt schon euer Stand; bleibt immer Huren.
Will einer euch mit frommem Spruch bekehren,
Dem zeigt, was Huren sind, verführt, verbrennt ihn!
Laßt eure Flammen seinen Rauch bezwingen
Und bleibt euch treu. Dann tragt sechs Monde lang
Ganz andre Last, und deckt eu'r kahles Dach
Mit Leichenhaarschmuck, wär's auch von Gehängten,
Was thut's? tragt's und betrügt damit und hurt,
Schminkt euch, bis eu'r Gesicht 'ner Pferdsstreu gleicht.
Zum Henker mit den Runzeln!

Phrynia und Timandra.

Gut! Nur mehr Gold! Was weiter? Glaube nur,
Für Gold thun wir dir alles.

Timon.

Sä't die Schwindsucht
In hohles Mannsgebein; lähmt straffe Schenkel
Und schwächt die Spornkraft! Macht den Anwalt heiser,
Daß er kein Unrecht mehr vertheid'gen kann

Vierter Aufzug. Dritte Scene.

Mit kreischender Sophistik; macht den Priester
Aussätzig, der auf Fleischessünden schilt
Und selbst nichts davon glaubt. Fort mit der Nase,
Glatt weg damit; wer nur den eignen Vortheil
Erschnüffeln will, fremd dem gemeinen Wohl,
Dem nehmt das Nasenbein! Krauskörpf'ge Raufer
Macht kahl; Prahlhänsen, die sich narbenlos
Heimschleichen aus dem Krieg, bringt Wunden bei.
Seid rührig, bis ihr aller Wollust Quelle
Zerstört und ausgetrocknet! — Hier mehr Gold noch.
Bringt andern Fluch, und euer Fluch sei dies,
Und eine Pfütze euer aller Grab!

Phrynia und Timandra.

Mehr Rath und noch mehr Gold, großmüth'ger Timon!

Timon.

Mehr Hure erst, mehr Unheil! Dies ist Handgeld.

Alcibiades.

Rührt nun die Trommeln gen Athen! Leb' wohl,
Timon. Geht's mir nach Wunsch, seh' ich dich wieder.

Timon.

Geht's, wie ich hoffe, seh' ich nie dich wieder.

Alcibiades.

Ich hab' dich nie gekränkt.

Timon.

Ja; du sprachst gut von mir.

Alcibiades.

Nennst du das kränken?

Timon.

Die Menschen kränkt es täglich.
Geh, mach dich fort mit deinen Hündinnen!

Alcibiades.

Wir sind ihm nur zur Last. — Kommt! rührt die Trommeln!

(Trommeln. Alcibiades, Phrynia und Timandra gehen ab.)

Timon.

Daß die Natur, krank durch der Menschen Bosheit,
Noch Hunger fühlen muß! (Gräbt.) Du große Mutter,
Du Allgebärerin, Allnährerin
An unerschöpfter Brust, die du aus gleichem Stoff,
Aus dem dein stolzes Kind, der Mensch, entquillt,
Die schwarze Kröte zeugst, die blaue Natter,
Die goldne Eidechs und den blinden Giftwurm,
Sammt aller Greuelbrut hier unterm Himmel,
Die Hyperion's Flammenstrahl belebt:
Gib ihm, der alle Menschensöhne haßt,
Aus deines Busens Schatz nur eine Wurzel!
Vertrockne deinen zeugungskräft'gen Schos,
Gebier nicht ferner undankbare Menschen!
Kreiße mit Tigern, Drachen, Wölfen, Bären,
Wirf Ungeheuer, die dein obres Rund
Dem marmorhellen Wohnsitz über dir
Noch nie gezeigt. — O eine Wurzel! Dank dir! —
Dörr' aus dein Mark, Weinberg und Ackerfeld,
Wo undankbare Menschen ihres Geistes
Reinheit mit Taumelträuken, fetten Bissen
Besudeln, bis sie die Besinnung flieht!

(Apemantus tritt auf.)

Wieder ein Mensch? Ha, Fluch!

Apemantus.

Ich ward hieher gewiesen. Man erzählt,
Du ahmst mein Wesen nach und lebst wie ich.

Timon.

So ist's nur, weil du keinen Hund dir hältst,
Dem ich nachahmen könnte. Pest auf dich!

Apemantus.

Dies ist in dir nur Krankeit der Natur,
Armselig weibische Schwermuth, nur dem Wechsel
Des Glücks entsprungen. Was soll dieser Spaten,
Der Platz, dies Sklavenkleid, die Kummermiene?
Weich liegen deine Schmeichler, gehn in Seide,
Zechen, umkost von kranken Wohlgerüchen,
Und haben längst vergessen,
Daß je ein Timon war. Die Wildniß schämt sich,
Zu sehn, wie du den Menschenhasser spielst.
Nein, werde selbst ein Schmeichler, such' zu steigen

Vierter Aufzug. Dritte Scene.

Durch das, was dich gestürzt hat; bieg' dein Knie;
Der bloße Hauch deß, dem du huldigst, blase
Den Hut dir ab; rühme sein schlimmstes Laster
Und nenn' es Tugend. So sprach man zu dir;
Du liebst dein Ohr und grüßtest, wie ein Zapfer,
Jedweden Wicht, der vorsprach. 's ist nur billig,
Daß du ein Schuft wirst; hättst du wieder Gold,
Du gäbst es Schuften. Ahme mir nicht nach!

Timon.

Wär' ich dir gleich, würf' ich mich selber weg.

Apemantus.

Du warfst dich selber weg, als du dir gleichsahst.
So lang ein Toller, jetzt ein Narr. Was? denkst du,
Die graue Luft, dein stürmischer Kämmrer, werde
Das Hemd dir wärmen? die bemoosten Bäume,
Die selbst den Adler überlebt, wie Pagen
Springen auf deinen Wink? der eis'ge Bach
Den bittern Frühschmack von der Zunge spülen,
Krank von durchschwelgter Nacht? Ruf' die Geschöpfe,
Die nackt und bloß in aller Unbill leben
Des rauhen Himmels, unbehaust und schutzlos
Dem Kampf der Elemente preisgegeben,
Nur der Natur gehorchend: heiße sie
Dir schmeicheln, und du findest —

Timon.

Daß du ein Narr bist.
Geh fort!

Apemantus.

Ich liebe dich jetzt mehr als je.

Timon.

Dich haß' ich mehr.

Apemantus.

Warum?

Timon.

Weil du dem Elend schmeichelst.

Apemantus.

Ich schmeichle nicht. Ich sag', du bist ein Lump.

Timon.

Warum suchst du mich auf?

Apemantus.

Um dich zu plagen.

Timon.

Stets eines Schurken oder Narrn Geschäft.
Sagt es dir zu?

Apemantus.

Ja.

Timon.

Wie? auch noch ein Schelm?

Apemantus.

Wenn du dies eisig-herbe Wesen annahmst
Zur Züchtigung deines Stolzes, gut! Du aber
Thatst es aus Noth; würdst wieder Höfling sein,
Wenn du kein Bettler wärst. Freiwill'ge Armuth
Trägt Krone, überlebt unsichern Pomp.
Wenn dieser, unersättlich, immer nachfüllt,
Bleibt ihr kein Wunsch. Der beste Stand hat nur
Ein unzufrieden rastlos elend Leben,
Noch schlimmer als der schlimmste, der sich gnügt.
Wünsch' dir zu sterben, da du elend bist.

Timon.

Nicht auf Befehl deß, der elender ist.
Du bist ein Wicht, den zärtlich nie der Arm
Des Glücks umfing; als Hund wardst du erzogen.
Hättst du, wie wir, von Kind an schon erklommen
Die Wonnestufen, die dies kurze Leben
Dem bietet, der dem willenlosen Haufen
Befehlen kann: in maßlos Schwelgen wärst du
Versunken, hättst die Jugend aufgezehrt
In manchem Bett der Lust, die eis'gen Lehren
Der Tugend nie gehört und nur die Fährte
Des süßen Wilds verfolgt. Doch ich, der stets
Die Welt ansah für seinen Zuckerbäcker,
Mund, Zungen, Augen, Herzen aller Menschen
Zum Dienst bereit, mehr als ich Arbeit wußte,
Die zahllos an mir hingen, wie die Blätter
Am Eichbaum, nun durch Einen Wintersturm

Vierter Aufzug. Dritte Scene.

Vom Zweig geschüttelt, daß ich kahl und bloß
Im Wetter steh' —, ich, der es besser hatte,
Mir ist, dies zu ertragen, eine Last.
Dein Leben fing mit Leiden an; gehärtet
Hat dich die Zeit. Was sollst du Menschen hassen?
Sie schmeichelten dir nie. Was gabst du ihnen?
Hast du zu fluchen Lust, fluch' deinem Vater,
Dem armen Lump, der einer Bettlerin
Im Ingrimm Stoff gab, dich daraus zu formen,
Erzlump von Ahnen her. Fort! heb' dich weg!
Wärst du nicht von Geburt der Menschheit Auswurf,
Du wärst ein Schuft und Schmeichler.

Apemantus.

Bist du noch stolz?

Timon.

Ja wohl, daß ich nicht du bin.

Apemantus.

Ich, daß ich kein verzognes Söhnchen war.

Timon.

Ich, daß ich leb' als der verlorne Sohn.
Wär' all mein Reichthum in dir eingeschlossen,
Erlaubt' ich dir, dich aufzuhängen. Geh! —
O steckte alles Leben von Athen
In dieser Wurzel — so verzehrt' ich's.

(Er ißt eine Wurzel.)

Apemantus.

Nimm!
Ich will dein Mahl verbessern.

(Er bietet ihm etwas an.)

Timon.

Erst beßre meinen Umgang. Mach' dich fort!

Apemantus.

So beßr' ich meinen, wenn ich dich verlasse.

Timon.

Du flickst ihn aus, allein es fleckt dir nicht,
Wenn mir's nach Wunsche geht.

Apemantus.
Was wünschest du Athen?
Timon.
Dich hin mit Windesschnelle. Wenn du willst,
So sage dort, ich hätte Gold. Sieh hier!
Apemantus.
Hier kann kein Gold dir nutzen.
Timon.
Hier erst recht;
Hier schläft's und thut gebungen niemand weh.
Apemantus.
Wo liegst du nächtens, Timon?
Timon.
Unter dem,
Was über mir. Wo fütterst du dich tags,
Apemantus?
Apemantus.
Wo mein Magen Futter findet,
Vielmehr, wo ich es esse.
Timon.
Wär' Gift doch folgsam und verstünde mich!
Apemantus.
Wohin wolltst du es schicken?
Timon.
Deine Speisen
Zu würzen.
Apemantus.
Die Mittelstraße der Menschheit hast du nie gekannt, nur ihre beiden äußersten Enden. Als du in Gold und Wohlgeruch stecktest, hat man dich wegen deiner Ueberfeinheit verspottet; in deinen Lumpen kennst du sie nicht mehr, sondern wirst verachtet wegen des Gegentheils. Da hast du eine Mispel; iß sie.
Timon.
Was ich hasse, esse ich nicht.

Apemantus.

Hassest du eine Mispel?

Timon.

Ja; denn ihr Inneres ist faul wie du.

Apemantus.

Hättst du so faule Gesellen früher gehaßt, so würdest du dich jetzt mehr lieben. Hast du je einen Verschwender gekannt, der noch geliebt wurde, wenn sein Vermögen fort war?

Timon.

Hast du je einen gekannt, der geliebt wurde ohne ein solches Vermögen?

Apemantus.

Mich selbst.

Timon.

Ich verstehe dich. Du hattest einmal so viel Vermögen, dir einen Hund zu halten.

Apemantus.

Was kannst du in der Welt am besten mit deinen Schmeichlern vergleichen?

Timon.

Weiber kommen ihnen am nächsten; aber Männer, Männer sind die Sache selbst. Was würdest du mit der Welt anfangen, Apemantus, wenn sie dir gehörte?

Apemantus.

Sie den Thieren geben, um die Menschen loszuwerden.

Timon.

Wolltest du selbst bei der Vernichtung aller Menschen zu Grunde gehen und ein Thier unter den Thieren bleiben?

Apemantus

Ja, Timon.

Timon.

Ein bestialischer Ehrgeiz; und ich bitte die Götter, dir deinen Wunsch zu erfüllen. Wenn du der Löwe wärst, würde der Fuchs dich überlisten; wenn du das Lamm wärst, würde der Fuchs dich fressen; wenn du der Fuchs wärst, würde der Löwe dich argwöhnisch ansehn, falls du etwa vom Esel verklagt würdest. Wenn du der

Esel wärst, würde deine Dummheit dich drücken, und doch lebtest du nur als ein Frühstück für den Wolf; wenn du der Wolf wärst, würde deine Gefräßigkeit dich quälen, und du würdest oft dein Leben für ein Mittagessen wagen. Wenn du das Einhorn wärst, würde Stolz und Zorn dein Verderben sein und dich selbst zur Beute deiner Wuth machen. Wenn du ein Bär wärst, würdest du vom Pferde erschlagen werden; wärst du ein Pferd, so würde der Leopard dich packen; wärst du ein Leopard, so wärst du ein Bluts=verwandter des Löwen, und dein geflecktes Fell würde dich zum Tode verurtheilen; deine einzige Sicherheit wäre Fernbleiben und deine Vertheidigung Abwesenheit. Was für ein Thier könntest du sein, das nicht einem anderen Thier unterthan wäre? Und was für ein Thier bist du schon, daß du nicht einsiehst, wie du durch die Verwandlung nur verlieren könntest?

Apemantus.

Wenn du mir durch Reden gefallen könntest, so hättest du es hiermit getroffen. Stadt und Land von Athen sind ein Wald voll wilder Thiere geworden.

Timon.

Wie hat nur der Esel die Mauer durchbrochen, daß du dich außerhalb der Stadt befindest?

Apemantus.

Dort kommt ein Dichter und ein Maler. Die Pest der mensch=lichen Gesellschaft komme über dich! Ich werde mich hüten, mich anstecken zu lassen, und meiner Wege gehen. Wenn ich sonst nichts anzufangen weiß, werde ich dich wieder aufsuchen.

Timon.

Wenn es außer dir nichts Lebendiges mehr gibt, sollst du will=kommen sein. Ich wäre lieber eines Bettlers Hund, als Ape=mantus.

Apemantus.

Du bist von allen Narrn der Welt der größte.

Timon.

Wärst du nur rein genug, dich anzuspein!

Apemantus.

Pest dir! Du bist zu schlecht, um dir zu fluchen.

Vierter Aufzug. Dritte Scene.

Timon.
Und neben dir sind alle Schurken rein.

Apemantus.
Nur Einen Aussatz gibt's: das, was du sprichst.

Timon.
Ja, wenn's dein Nam' ist. Schlagen möcht' ich dich,
Doch fürcht' ich meine Hände anzustecken.

Apemantus.
Ich wollt', sie faulten ab auf mein Geheiß.

Timon.
Hinweg, du Sprößling eines räud'gen Hundes!
Die Wuth erstickt mich, daß du lebst. Dein Anblick
Bringt mich von Sinnen.

Apemantus.
Daß du bersten möchtest!

Timon.
Fort, läst'ger Schuft!
Schad' um den Stein, den ich an dich verschwende.
(Er wirft einen Stein nach ihm.)

Apemantus.
Vieh!

Timon.
Sklave!

Apemantus.
Kröte!

Timon.
Schuft und dreimal Schuft!
(Apemantus zieht sich zurück, als ob er gehen wollte.)
Krank macht mich diese falsche Welt; ich will
Auf ihr nichts lieben als die bare Nothdurft.
Drum, Timon, grabe dir alsbald dein Grab,
Lieg, wo die See dir täglich deinen Grabstein
Weiß überschäumt; zur Grabschrift wähle dir:
Des Menschenlebens lacht der Tod in mir.

(das Gold betrachtend)

O holder Königsmörder, du Entzweier
Von Sohn und Vater, glänzender Besudler
Von Hymen's reinstem Bett! Du tapfrer Mars!
Geliebter, ewig junger, zarter Freier,
Der auf Diana's Schos den heil'gen Schnee
Wegthaut mit seinem Glühn! Sichtbarer Gott,
Der du Unmöglichkeiten eng verkittest,
Daß sie sich küssen, und zu jedem Zweck
In jeder Zunge spricht! Prüfstein der Herzen!
Denk', es empöre sich dein Sklav, der Mensch,
Und stürz' ihn in verderblich wilden Streit,
Daß Thieren dann die Welt gehört.

Apemantus.

So sei es!
Doch nicht bevor ich todt bin. — Ich erzähle,
Du habest Gold. Bald überläuft man dich.

Timon.

Man überläuft mich?

Apemantus.

Ja.

Timon.

Zeig deinen Rücken,
Ich bitt' dich.

Apemantus.

Leb' und liebe deinen Jammer!

Timon.

Lang' lebe so und stirb so! Wir sind quitt. —

(Apemantus geht ab.)

Schon wieder was, das Menschen gleicht? Iß, Timon,
Und hasse sie!

(Mehrere Diebe kommen.)

Erster Dieb.

Woher sollt' er das Gold haben? Es kann nur wenig sein,
ein Körnchen von dem, was ihm übrigblieb. Gerade der Mangel
an Gold und der Abfall seiner Freunde haben ihn ja in diese
Melancholie gestürzt.

Zweiter Dieb.

Es verlautet, er habe einen großen Schatz.

Vierter Aufzug. Dritte Scene.

Dritter Dieb.

Wir wollen's bei ihm probiren. Wenn ihm nichts daran liegt, wird er uns gern was geben. Wenn er es aber aus Geiz verwahrt, wie sollen wir's kriegen?

Zweiter Dieb.

Freilich; denn er trägt's nicht bei sich, 's ist versteckt.

Erster Dieb.

Ist er das nicht?

Alle.

Wo?

Zweiter Dieb.

Nach der Beschreibung ist er's.

Dritter Dieb.

Er ist's; ich kenn' ihn.

Alle.

Guten Tag, Timon.

Timon.

Was soll's, ihr Diebe?

Alle.

Krieger, nicht Diebe.

Timon.

Beides, und Weibersöhne.

Alle.

Nein, Diebe nicht, Menschen, die Mangel leiden.

Timon.

Eu'r größter Mangel ist, euch mangelt Speise.
Wie kann sie mangeln? Seht, die Erd' hat Wurzeln.
In Meilenumkreis sprudeln hundert Quellen,
Frucht trägt der Eichbaum, Sträuche rothe Beeren;
Natur, die güt'ge Hausfrau, bietet euch
An jedem Busch ein Mahl. Mangel! Was Mangel?

Erster Dieb.

Wir können nicht von Gras und Beeren leben,
Wie Thiere, Vögel, Fische.

Timon.

Noch von den Thieren selbst, den Vögeln, Fischen;
Nein, Menschen müßt ihr essen. Doch ich dank' euch,

6*

Daß ihr gelernte Diebe seid, nicht stehlt
In heil'gen Masken; endlos wird gestohlen
In jedem zünft'gen Stand. Hier, schnöde Diebe,
Ist Gold. Geht, saugt der Traube köstlich Blut,
Bis euer Blut von Fieberhitze schäumt
Und ihr den Henker spart. Traut keinem Arzt!
Sein Gegengift ist Gift; er mordet mehr,
Als ihr beraubt. Nehmt Gut und Blut zugleich,
Uebt Schurkerei, die eure Profession ist,
Mit Handwerkseifer. Hört, ich will euch sagen,
Wer alles Dieberei treibt:
Die Sonne; sie bestiehlt mit ihrer Zugkraft
Die weite See. Ein Erzdieb ist der Mond;
Er stiehlt sein blasses Feuer von der Sonne.
Das Meer treibt Diebstahl; seine Wogen zwingen
Den Mond zu salz'gen Thränen. Auch die Erd' ist
Ein Dieb; sie zeugt und nährt durch Dünger, den sie
Jedem Geschöpf entwendet. Alles stiehlt!
Selbst die Gesetze, eure Plag' und Geisel,
Sind Räuber, frech und frei. Fort! haßt einander,
Beraubt euch selbst. Hier, noch mehr Gold; nun geht
Und schneidet Kehlen ab; ihr trefft nur Diebe.
Auf, nach Athen, erbrecht die Läden. Was ihr
Auch stehlt — ein Dieb verliert's. Stehlt drum nicht minder,
Weil ich euch dies geschenkt;
Und Gold, wie's immer sei, verderb' euch! Amen.

(Er zieht sich in seine Höhle zurück.)

Dritter Dieb.

Er hat mir durch seine Beschwörung fast mein Gewerbe verleidet, obwol er mich dazu antrieb.

Erster Dieb.

Nur aus Bosheit gegen das Menschengeschlecht gab er uns diesen Rath, nicht um uns in unserm Gewerbe vorwärts zu helfen.

Zweiter Dieb.

Ich will ihm glauben, wie einem Feinde, und mein Handwerk aufgeben.

Erster Dieb.

Erst wollen wir Athen wieder in Frieden sehn. Keine Zeit ist so elend, daß man nicht darin ehrlich sein könnte.

(Die Diebe gehen ab.)

Vierter Aufzug. Dritte Scene.

(Flavius tritt auf.)

Flavius.

O all ihr Götter!
Ist dort der Mann in Schmach und Noth mein Herr?
So dürftig und verfallen? O du Denkmal
Und Wunderzeichen schlimm belohnter Güte!
Wie hat verzweiflungsvolle Armuth Ehren
So rasch in Schmach verwandelt! Lebt auf Erden
Noch Schnöderes, als Freunde, deren Tücken
Das edelste Gemüth am schwersten drücken?
Wie paßt zu diesen Zeiten wundervoll
Das Wort, daß man die Feinde lieben soll!
Dem wär' ich eher noch von Herzen gut,
Der Böses mir nur wünscht, als der mir's thut. —
Er faßte mich ins Aug'; ich will ihm sagen,
Wie er mir leid thut, will als meinem Herrn
Mit Leib und Seel' ihm dienen. — Theurer Herr!

(Timon kommt aus seiner Höhle hervor.)

Timon.

Hinweg! Wer bist du?

Flavius.

Herr, vergaßt Ihr mich?

Timon.

Was fragst du? Ich vergaß die ganze Menschheit;
Bist du ein Mensch, so hab' ich dich vergessen.

Flavius.

Eu'r armer, ehrlicher Diener bin ich.

Timon.

Dann
Kenn' ich dich nicht. Ehrliche Leute hatt' ich
Nie um mich, Schelme hielt ich nur, die Schurken
Bei Tisch bedienten.

Flavius.

Zeugen mir's die Götter,
Nie grämte sich ein armer Hausverwalter
Treuer um seinen Herrn, als meine Augen
Um Euch!

Timon.

    Was? weinst du? Komm, dann lieb' ich dich,
Weil du ein Weib bist, von den harten Männern
Dich lossagst, deren Aug' nur übergeht
Von Lust und Lachen. Mitleid schläft. O Zeit,
Wo man vor Lachen weint, anstatt vor Leid!

Flavius.

Erkennt mich doch, ich bitt' Euch, guter Herr!
Verschmäht nicht meine Trauer, nehmt, solang'
Mein Weniges reicht, mich zum Verwalter an!

Timon.

Wie? Hatt' ich einen Hausverwalter, so
Gerecht, so treu und jetzt mir solch ein Trost?
Das sänftigt fast mein stürmisches Gemüth.
Zeig' mir dein Antlitz. Sicher, diesen Mann
Gebar ein Weib. —
Verzeiht mir, daß mein Zürnen niemand ausnahm,
Ihr ewig mäß'gen Götter! Hier erklär' ich:
Ein Mensch ist redlich — hört mich wol, nur Einer!
Nicht mehr, ich flehe drum! — und dieser Eine
Ist Hausverwalter! —
Wie gern möcht' ich die ganze Menschheit hassen,
Du aber kaufst dich los. Doch alle sonst
Treff' ich mit meinen Flüchen.
Mich dünkt, du warest redlicher als klug;
Denn hättst du mich betrogen und verrathen,
So fandst du rascher einen andern Dienst.
Gar mancher kommt zu einem zweiten Herrn,
Der auf den ersten tritt. Doch sag' mir offen —
Denn stets noch zweifl' ich, wenn auch ohne Grund —:
Ist deine Freundlichkeit nicht schlaue Habgier,
Wenn nicht gar wucherisch, wie Reiche schenken,
Damit man zwanzig wiederschenkt für eins?

Flavius.

Nein, werther, theurer Herr, in dessen Brust
Argwohn und Zweifel, ach, zu spät! genistet.
Nie bangt' Euch früher vor dem Wankelmuth der Stunden,
Nun kommt der Argwohn, da das Glück entschwunden.
Gott weiß: was ich Euch zeig', ist lautre Liebe,
Pflichteifer gegen Euer edles Herz,

Sorge für Euer leiblich Wohl; und glaubt mir,
Mein höchst verehrter Herr,
Was mir dafür an Lohn und Vortheil blüht,
In Hoffnung oder gleich, gern tauscht' ich's ein
Für diesen Wunsch: Euch wieder reich zu sehn
Und meinen Lohn in Eurem Glück zu finden.

Timon.

Sieh, das trifft ein! Du einz'ger Redlicher,
Hier, nimm! Die Götter spenden diesen Schatz dir
Aus meinem Elend. Geh, sei reich und glücklich,
Mit der Bedingung: wohne fern von Menschen,
Haff' alle, fluche allen, liebe keinen,
Hilf nicht dem Bettler, dem an den Gebeinen
Das Fleisch vor Hunger schwindet. Gib den Hunden,
Was du den Menschen weigerst. Laß in Schuldhaft
Sie schrumpfen in ein Nichts; die Menschheit sei
Wie ein verdorrter Wald, und Seuchen mögen
Ihr falsches Blut auffaugen. So fahr' wohl
Und lebe glücklich!

Flavius.

Laßt mich bei Euch bleiben,
Zu Eurem Trost, Herr!

Timon.

Wenn du Flüche hassest,
So zögre nicht. Mit deinem Segen flieh!
Meide die Menschen; mir begegne nie!

(Sie gehen nach verschiedenen Seiten ab.)

Fünfter Aufzug.

Erste Scene.

Vor Timon's Höhle.

Der Dichter und der Maler (treten auf).

Maler.

Wie ich mir den Ort habe beschreiben lassen, muß er hierherum sich aufhalten.

Dichter.

Was soll man von ihm denken! Bestätigt sich das Gerücht, daß er so viel Gold hat?

Maler.

Gewiß. Alcibiades sagt es. Phrynia und Timandra bekamen Gold von ihm. So hat er auch armen herumstreifenden Soldaten mit vollen Händen gegeben, und seinem Verwalter soll er eine bedeutende Summe geschenkt haben.

Dichter.

So war also dieser sein Bankrott nur eine Prüfung für seine Freunde?

Maler.

Nichts anderes. Ihr werdet ihn wieder wie eine Palme in Athen sehen, blühend bis an den Wipfel. Darum kann es nichts schaden, wenn wir ihm in seinem vorgeblichen Unglück unsere Liebe bezeigen; es wird uns als redliche Menschen erscheinen lassen und sehr wahrscheinlich unsern Wünschen das einbringen, wonach sie zielen, wenn das Gerücht von seinem Vermögen nicht lügt.

Fünfter Aufzug. Erste Scene.

Dichter.

Was habt Ihr ihm jetzt zu bringen?

Maler.

Im Augenblick nichts als meinen Besuch. Aber ich will ihm ein vortreffliches Stück versprechen.

Dichter.

Ich muß ihn ebenso bedienen, ihm den Plan zu einem Werk erzählen, das ihm zugedacht ist.

Maler.

Mehr bedarf's nicht. Versprechen ist heutzutage Ton. Es öffnet der Erwartung die Augen. Halten erscheint nur um so einfältiger, wenn es eintritt, und thun, was man sagt, ist ganz aus der Mode, außer bei der einfältigern und beschränktern Menschenklasse. Versprechen ist sehr hofmännisch und vornehm; Halten ist eine Art von Letztem Willen oder Testament, das auf eine schwere Krankheit in dem Verstand dessen, der es macht, schließen läßt.

(Timon tritt auf, aus seiner Höhle.)

Timon (für sich).

Trefflicher Künstler! Du kannst keinen Menschen so schlecht malen, als du selbst bist.

Dichter.

Ich überlege, was ich sagen soll, das ich für ihn angefangen hätte; es muß etwas sein, das ihn selbst darstellt, eine Satire auf den trügerischen Schimmer des Reichthums und eine Entlarvung der grenzenlosen Schmeichelei, die sich an Jugend und Ueberfluß hängt.

Timon (bei Seite).

Mußt du durchaus als Schurke dastehn in deinem eignen Werk? Willst du deine eignen Sünden in andern geißeln? Thu's! Ich habe Gold für dich.

Dichter.

Wohl, suchen wir ihn auf!
Versündigt man sich doch am eignen Heile,
Wenn Vortheil winkt und man nicht folgt in Eile.

Maler.

Sehr wahr!
Solang' der Tag scheint, suche was dir fehlt,
Eh' Nacht in dunklen Winkeln es verhehlt.
Kommt!

Timon (bei Seit:).

Dafür will ich euch fassen, Schufte! Ha,
Welch eine Gottheit ist das Gold,
Daß man ihr dient in einem schlechtern Tempel,
Als wo man Schweine mästet!
Du rüstest Schiffe aus und pflügst den Schaum,
Machst, daß man einem Wicht bewundernd huldigt;
Anbetung dir! Lohn' deiner Heil'gen Flehn
Mit Plagen, die nur dir zu Diensten stehn!
Jetzt tret' ich auf sie zu.

(Er kommt in den Vordergrund.)

Dichter.

Heil, würd'ger Timon!

Maler.

Jüngst unser edler Gönner!

Timon.

Erleb' ich's noch, zwei Redliche zu sehn?

Dichter.

Herr, da wir Eure Großmuth oft genossen
Und hörten, daß Ihr einsam, von den Freunden
Im Stich gelassen — o abscheulicher Undank!
Nicht alle Himmelsgeiseln reichten aus! —
Wie? Undank Euch, deß sternengleicher Adel
Erst Leben ihrem Dasein eingeflößt?
Es bringt mich außer mir, mir fehlt's an Worten,
Um dieses Undanks ungeheure Masse
Darein zu kleiden.

Timon.

Laßt ihn nackend gehn,
Dann sieht die Welt ihn besser. Zeigt ihr Guten
Euch, wie ihr seid, so sieht man erst die andern
Im wahren Licht.

Maler.

Mein Freund hier und ich selbst,
Wir wandelten im Regen Eurer Gaben
Und fühlten uns erquickt.

Timon.

Ihr Redlichen!

Fünfter Aufzug. Erste Scene.

Maler.
Wir kommen her, Euch unsern Dienst zu bieten.
Timon.
Ihr Allerredlichsten! Wie dank' ich's euch?
Sagt, eßt ihr Wurzeln, trinkt Quellwasser? Nein.
Beide.
Wir thun nach Kräften alles, Euch zu dienen.
Timon.
Ihr Redlichen, ihr wißt, ich habe Gold;
Ihr hörtet's — sprecht die Wahrheit, ihr seid redlich.
Maler.
So sagt man, edler Lord. Doch deßhalb kamen
Mein Freund und ich nicht her.
Timon.
     Ihr Guten, Biedern! —
Du malst das beste Bildniß in Athen,
Nein, in der That, du bist ein Meister, täuschend
Das Leben nachzuahmen.
Maler.
    Herr, — so so!
Timon.
'S ist, wie ich sage, Freund. — Und deine Dichtung!
So glatt und zierlich fließen deine Verse,
Daß deine Kunst ganz wie Natur erscheint. —
Und dennoch, meine biederherz'gen Freunde,
Gesteh' ich's nur, habt ihr 'nen kleinen Fehler,
Nichts Ungeheuerliches, traun, noch wünscht' ich,
Ihr müßtet euch ihn abzulegen.
Beide.
     Nennt ihn,
Wir bitten sehr.
Timon.
Ihr werdet's übelnehmen.
Beide.
Wir danken's Euch, Mylord.

Timon.
Thut ihr das wirklich?
Beide.
Ganz sicher, werther Lord.
Timon.
Jeder von euch traut einem Schelmen, der
Gewaltig ihn betrügt.
Beide.
Wie das, Mylord?
Timon.
Ja und ihr hört ihn lügen, seht ihn heucheln,
Kennt seine groben Künste, liebt ihn, nährt ihn,
Hegt ihn in eurem Busen; aber glaubt mir:
's ist ein ausbünd'ger Schuft.
Maler.
Solch einen kenn' ich nicht, Mylord.
Dichter.
Noch ich.
Timon.
Seht ihr, ich lieb' euch sehr, ich geb' euch Gold,
Nur schafft die Schurken mir aus eurer Nähe.
Hängt sie, erdolcht, ersäuft sie in Kloaken,
Räumt sie hinweg, so oder so; dann kommt,
Ich geb' euch Gold genug.
Beide.
Nennt sie, Mylord; macht sie uns kenntlich!
Timon.
Du hier=, du dorthin; doch sind zwei beisammen.
Geht jeder einzeln auch und ganz allein,
Doch leistet stets ein Erzschuft ihm Gesellschaft.

(zum Maler)

Soll'n nicht zwei Schurken sein, da wo du bist,
So näh're dich ihm nicht.

(zum Dichter)

Willst du da wohnen,
Wo nur ein einz'ger Schuft ist, so verlaß ihn.

Fünfter Aufzug. Zweite Scene.

Fort! Hier ist Gold! Ihr kamt nach Gold, ihr Sklaven;
Ihr bringt mir Arbeit; hier ist die Bezahlung!
Hinweg!
(zum Dichter)
Du bist ein Alchemist: mach' Gold daraus!
Fort, schuft'ge Hunde!
(Er geht ab, indem er sie mit Schlägen wegjagt.)

Zweite Scene.

Ebendaselbst.

Flavius und zwei Senatoren (treten auf).

Flavius.

Umsonst ist's, daß ihr Timon sprechen wollt.
Er zog so ganz sich auf sich selbst zurück,
Daß nichts, was einem Menschen ähnlich sieht,
Ihm freundlich scheint.
Erster Senator.

    Bring uns zu seiner Höhle.
Wir übernahmen von Athen den Auftrag,
Mit ihm zu reden.
Zweiter Senator.

    Menschen sind nicht immer
Sich selber gleich. Ihn haben Zeit und Leiden
So weit gebracht. Vielleicht, wenn nun die Zeit
Mit sanfter Hand sein altes Glück ihm bietet,
Wird er der Alte wieder. Führ' uns hin;
Dann geh' es, wie es mag!
Flavius.

    Hier ist die Höhle. —
Frieden und Glück dem Ort! Lord Timon! Timon!
Komm, sprich mit Freunden. Die Athener senden
Dir Gruß durch zwei sehr würd'ge Senatoren.
Komm, sprich mit ihnen, edler Timon!
(Timon tritt auf.)

Timon.

Sonne, du milde, brenne! — Sprecht und geht zum Henker!
Für jedes wahre Wort 'ne Blatter; jedes falsche
Sei wie ein Krebs, der an der Wurzel euch
Die Zung' im Sprechen wegfrißt!

Erster Senator.

Würd'ger Timon —

Timon.

Ja, euer würdig, so wie ihr des Timon!

Zweiter Senator.

Es grüßt dich, Timon, der Senat Athens.

Timon.

Ich dank' ihm, und ich schickt' ihm gern dafür
Die Pest, könnt' ich sie fangen.

Erster Senator.

O vergiß,
Was tief uns selbst in deine Seele schmerzt!
Die Senatoren, in einmüth'ger Liebe,
Ersuchen dich, heim nach Athen zu kehren.
Wir bieten dir erles'ne Ehrenstellen,
Die offen stehn; bekleide sie nach Wunsch.

Zweiter Senator.

Und sie gestehn,
Daß sie zu gröblich alle dich vergaßen;
Sodaß die Staatsgemeinde — die doch selten
Nur widerruft — nun im Gefühl, wie sehr
Ihr Timon's Hülfe fehlt, und welchen Fall
Sie selber that, dem Timon Hülfe weigernd,
Uns sendet, ihr Bedauern zu bezeigen,
Zugleich Ersatz zu bieten, der die Kränkung
Auch nach der schärfsten Wage, überwiegt:
Ja, so in Hüll' und Fülle Lieb' und Gold,
Daß es dir auslöscht, was sie Unrecht that,
Und dir die Ziffern ihrer Lieb' auf ewig
Ins Herz einzeichnet.

Timon.

Ihr bezaubert mich,
Ja überrascht mich bis zu Thränen fast.

Fünfter Aufzug. Zweite Scene.

Leiht mir ein Thorenherz und Weiberaugen,
Und ich will weinen, würd'ge Senatoren,
Wie rührend ihr mich tröstet!

    Erster Senator.

Entschließ dich drum, mit uns zurückzukehren
Und über unser, dein Athen die Führung
Zu übernehmen; Dank gewinnst du dir
Und unumschränkte Macht, und ruhmvoll wird
Dein Name blühn, sobald wir erst den Ansturm
Des Alcibiades zurückgeschlagen,
Der seines Vaterlandes Frieden, gleich
Dem wilden Eber, aufwühlt.

    Zweiter Senator.

      Und sein Schwert
Schwingt gegen unsre Mauern.

    Erster Senator.

     Darum, Timon —

    Timon.

Gut, Herr, ich will; will darum, Herr, und dies:
Wenn Alcibiades meine Landsleut' tödtet,
Laßt Alcibiades von Timon wissen,
Daß Timon nichts drum fragt.
Doch schleift er und zerstört die schöne Stadt,
Packt unsre biedern Greise bei den Bärten,
Gibt unsre heil'gen Jungfraun preis der Schmach
Des schnöden, viehischen, hirntollen Kriegs,
Dann soll er wissen, — sagt ihm, so spricht Timon —
Voll Mitleid mit dem Alter und der Jugend
Muß ich ihm sagen, daß ich nichts drum frage,
Nehm' er's so schlimm er mag! Für ihre Messer
Sind eure Kehlen da. Was mich betrifft:
Kein Taschenmesser ist im Meutrerlager,
Das ich nicht höher schätzt', als in Athen
Die ehrenwertheste Gurgel. So empfehl' ich
Euch in der gnäd'gen Götter Schutz, wie Diebe
Dem Schließer.

    Flavius.

   Geht nun! Alles ist umsonst.

Timon.

Ich schrieb soeben meine Grabschrift nieder;
Man wird sie morgen sehn. Mein langes Kranken
An Leben und Besitz will sich nun bessern,
Und nichts hilft mir zu allem. Geht, lebt weiter!
Eu'r Fluch sei Alcibiades, ihr seiner,
Und lange währ' es so!

Erster Senator.
Man spricht umsonst!

Timon.

Und doch lieb' ich mein Land und bin nicht einer,
Der sich erfreut des allgemeinen Schiffbruchs,
Wie das Gerücht mir nachsagt.

Erster Senator.
Wohl gesprochen!

Timon.

Empfehlt mich meinen zärtlichen Landsleuten —

Erster Senator.

Dies Wort ziert Eure Lippen, da sie's sprechen.

Zweiter Senator.

Und bringt in unser Ohr, so wie durch Jubelpforten
Ein Triumphator zieht.

Timon.
Empfehlt mich ihnen,
Sagt ihnen: ihre Nöthe zu erleichtern,
Die Furcht vorm Feindesschwert, Verluste, Schmerzen,
Verliebtes Herzweh, andres Ungemach,
Das der Natur gebrechlich Fahrzeug trägt
Auf schwanker Lebensreise, will ich ihnen
Etwas zu Liebe thun, sie lehren, wie sie
Der Wuth des Alcibiades entgehn.

Zweiter Senator (zu dem ersten).

Das lautet gut. Er kehrt gewiß zurück.

Timon.

Es wächst ein Baum hier nah bei meiner Höhle,
Den mich mein eignes Wohl zu fällen treibt,

Und das muß bald geschehn. Sagt meinen Freunden,
Sagt ganz Athen durch alle Ständ' und Klassen,
Vom Höchsten zum Geringsten: wer da wünscht
Sein Leid zu enden, eilen mög' er sich
Und kommen, eh' mein Baum die Axt gefühlt,
Und sich dran hängen. Bitte, grüßt sie mir!

Flavius.

Dringt nicht mehr in ihn; er bleibt stets derselbe.

Timon.

Kommt niemals wieder; doch erzählt zu Hause,
Timon hat sich für immer angebaut
Auf dem umspülten Strand der salz'gen Flut,
Wo einmal täglich ihn die stürmische Brandung
Mit hohem Schaum bedeckt. Kommt nur hieher,
Daß euch mein Grabstein zum Orakel diene.
Kein bittres Wort mehr, Lippen; schweig, mein Mund!
Pest heile, was verkehrt und ungesund!
Grabt nur noch Gräber, Tod sei euer Lohn!
Sonne, verbirg dich! Timon steigt vom Thron.

(Timon geht ab.)

Erster Senator.

Sein Groll und Gram sind unzertrennlich eins
Mit seinem Wesen.

Zweiter Senator.

Nichts bleibt von ihm zu hoffen. Gehn wir heim
Und bieten auf, was sonst in unsrer Drangsal
An Mitteln blieb.

Erster Senator.

Hier braucht's geschwinder Füße.

(Sie gehen ab.)

Dritte Scene.

Vor den Mauern von Athen.

Zwei Senatoren und ein Bote (treten auf).

Erster Senator.

Du hast dich fleißig umgesehn. Ist wirklich
Sein Heer so stark?

Bote.

Ich schlug es noch gering an.
Auch eilt er so, daß jeden Augenblick
Er hier sein kann.

Zweiter Senator.

Es steht sehr schlimm, wenn Timon nicht zurückkehrt.

Bote.

Ich traf 'nen Boten, einen alten Freund,
Und ob wir auch als Feinde jetzt getrennt sind,
Behielt die alte Freundschaft so viel Macht,
Daß wir wie Freunde plauderten. Der Mann
War abgeschickt von Alcibiades
Nach Timon's Höhle, Briefe ihm zu bringen,
Die dringend ihn um seinen Beistand baten
Im Kriege gegen euch, den er zum Theil
Für ihn begann.

(Die Senatoren treten auf, die von Timon zurückkommen.)

Erster Senator.

Hier kommen unsre Brüder.

Dritter Senator.

Sprecht nicht von Timon, rechnet nicht auf ihn.
Des Feindes Trommel tönt, sein teckes Plänkeln
Erfüllt die Luft mit Staub. Fort, rüstet alle!
Wir stürzen, fürcht' ich, in des Feindes Falle.

(Alle ab.)

Vierte Scene.

Wald. Vor Timon's Höhle; ein Grabstein ist aufgerichtet.

Ein Soldat tritt auf, der Timon sucht.

Soldat.

Nach der Beschreibung wäre dies der Platz.
Wer da? He, Antwort! — Alles still? Was ist das?
Timon ist todt, er hat sein Ziel erreicht.
Dies les' ein Thier; denn hier lebt sonst kein Mensch.

Fünfter Aufzug. Fünfte Scene.

Todt ist er, ja, und dies sein Grab. Die Inschrift
Kann ich nicht lesen, will in Wachs sie drücken.
Der Feldherr ist in jeder Schrift bewandert,
Liest wie ein Alter, ob auch jung an Jahren.
G'rad zieht er vor Athen, die stolze Stadt,
Die zu bezwingen er geschworen hat.

(Geht ab.)

Fünfte Scene.

Vor den Mauern von Athen.

Trompeter. Alcibiades tritt auf, mit Truppen.

Alcibiades.

Trompeter, blast! Die feige Schwelgerstadt
Zittre vor unserm Anmarsch!

(Ein Parlamentär bläst. Senatoren erscheinen auf den Mauern.)

Bis heut habt ihr die Tage fort und fort
Im Uebermuth verbracht, und eure Willkür
War euch Gesetz; bis heut ging ich und alle,
Die schliefen in dem Schatten eurer Macht,
Ohnmächtig seufzend mit gekreuzten Armen
Müßig umher. Nun ist die Zeit erstarkt,
Das zahme Mark ermannt sich jetzt im Dulder
Und ruft von selbst: Nicht länger! Jetzt wird Kränkung,
Die nicht zu athmen wagte, sich bequem
In eure großen Polsterstühle setzen,
Und Hochmuth athemlos sich überstürzen
In schreckensbanger Flucht.

Erster Senator.

O edler Jüngling,
Als du uns zürntest in Gedanken erst,
Du keine Macht, wir keine Furcht noch hatten,
Da sandten wir dir Balsam deiner Wuth,
Mit Liebe unsern Undank wettzumachen,
Mehr als wir schuldig.

Zweiter Senator.

So umwarben wir
Timon, den umgewandelten, voll Liebe
Mit ehrerbiet'ger Botschaft und Verheißung.
Nicht alle waren lieblos und verdienen
Des Krieges schwere Zücht'gung.

Erster Senator.

Diese Mauern
Sind nicht durch deren Hand errichtet worden,
Die dich gekränkt, noch haben sie's verdient,
Sammt Thürmen, Schulen und Trophä'n zu fallen
Um einzler Männer Schuld.

Zweiter Senator.

Auch sind die todt,
Die Ursach waren, daß Ihr von uns zogt.
Scham, daß sie thöricht sich so weit vergangen,
Brach nun ihr Herz. Zieh, edler Feldherr, ein
In unsre Stadt und laß dein Banner wehn.
Gib jedem Zehnten nach dem Los den Tod,
Wenn deine Rache nach der Speise hungert,
Vor der Natur erschaudert, — nimm den Zehnten,
Und durch den Zufall des gefleckten Würfels
Sterbe, wer sich befleckt.

Erster Senator.

Nicht alle fehlten.
Nicht billig ist's, für Todte Rache nehmen
An den Lebend'gen; Sünden werden nicht
Vererbt, wie Ländereien. Drum, theurer Landsmann,
Führ' ein dein Heer, doch draußen laß den Zorn!
Verschone dies Athen, das deine Wiege,
Und die Verwandten, die der Rache Sturm
Hinrafft sammt deinen Feinden. Wie ein Schäfer
Tritt an die Hürd' und sondre draus die räub'gen,
Doch tödte sie nicht alle.

Zweiter Senator.

Was du wünschest,
Wirst du mit deinem Lächeln eh' erzwingen,
Als mit dem Schwert erfechten.

Fünfter Aufzug. Fünfte Scene.

Erster Senator.
                                Setz' den Fuß
An unser Gatterthor, und es springt auf,
Wenn du voraus nur schickst dein edles Herz,
Als Freund dich anzukünd'gen.

Zweiter Senator.
                        Deinen Handschuh,
Oder ein andres Ehrenpfand wirf hin,
Daß du nur Krieg führst, dir genugzuthun,
Und nicht, uns zu vernichten; und dein Heer
Soll Herberg finden in der Stadt, bis wir
Dir jeden Wunsch erfüllt.

Alcibiades.
                Nun denn, hier ist mein Handschuh.
Kommt, öffnet mir das unbedrohte Thor.
Die nur, die Timon's Feind' und meine sind,
Und die ihr selbst als strafbar ausersieht,
Die sterben; und — weil edler ich gesinnt,
Als eure Furcht mir zutraut — nicht ein Mann
Soll sein Quartier verlassen, noch dem Lauf
Des Rechts in eurer Stadt zuwiderhandeln,
Der nicht die schwerste Ahndung finden wird
Nach dem Gesetz Athens.

Beide.
        Höchst eble Worte!

Alcibiades.
So steigt herab und haltet euer Wort!
            (Die Senatoren steigen herab und öffnen die Thore. —
                    Ein Soldat tritt auf.)

Soldat.
Mein edler Feldherr, Timon ist gestorben;
Sein Grab liegt hart am Saum des Seegestads.
Auf seinem Grabstein fand ich diese Inschrift,
Die ich Euch bring' in Wachs, deß weicher Abdruck
Zeigt, was mein armer Witz nicht deuten kann.

Alcibiades (liest).
„Hier ruht ein armer Leib, der armen Seel' beraubt.
Fragt nach dem Namen nicht. Fluch auf eu'r schnödes Haupt!

Hier lieg' ich, Timon, der, was lebte, stets gehaßt.
Geh, fluch' nach Herzenslust, doch halt' hier keine Rast." —
Ein treuer Ausdruck deiner letzten Stimmung!
Verschmähtest du auch unser menschlich Leid
Und höhntest unsres Hirnes Flut, die Tropfen
Geiz'ger Natur, doch trugst du witzig Sorge,
Daß nun Neptun auf deinem niedern Grabe
Gesühnte Kränkungen beweine. Todt ist
Der edle Timon; mehr zu seiner Ehre
In künft'ger Zeit. — Führt mich in eure Stadt.
Ich will den Oelzweig winden um mein Schwert.
Krieg zeuge Frieden, Frieden hemme Krieg:
So soll eins durch des andern Rath gedeihn,
Ein jedes so der Arzt des andern sein.
Rührt eure Trommeln!

(Sie gehen alle ab.)

Anmerkungen zu „Timon von Athen".

S. 5, Z. 13 v. u.: „**Athenische Senatoren. — Glücklich!**" — Der Dichter beneidet die Senatoren um den freien Zutritt bei Timon, während er im Vorzimmer warten muß.

S. 5, Z. 4 v. u.: „**Im weiten Meer von Wachs.**" — Eine geschmacklose Anspielung des hochtrabenden Poeten auf die wachsüberzogenen Schreibtafeln, deren sich die Alten bedienten.

S. 6, Z. 4 v. o.: „**Den Sinn entriegl' ich Euch.**" I will unbolt to you. — Wieder nach der affectirten Redeweise des Poeten.

S. 11, Z. 15 v. u.: „**Wollt ihr euch schelten lassen?**" von dem Cyniker Apemantus, wenn er hört, wie sie Timon schmeicheln.

S. 13, Z. 15 v. u.: „**Nicht so gut wie Ehrlichkeit.**" — Steevens führt zur Erklärung das Sprichwort an: Ehrlichkeit ist ein Juwel; aber die es tragen, sterben als Bettler.

S. 18, Z. 1 v. o.: „**Wenn denen solches Spiel gefällt, die höher stehn.**" — Anspielung auf die Wuchergeschäfte der römischen Senatoren, die noch mehrfach erwähnt werden.

S. 18, Z. 18 v. o.: „**Bekannt? Und nicht gehangen?**" — Confess and be hang'd! war eine Redensart, mit der der Richter den Spitzbuben zu empfangen pflegte.

S. 19, Z. 14 v. o.: „**Sie sollten doch sich laben ohne Messer.**" — Es war Gebrauch, zu einem Gastmahl sein eigenes Besteck mitzubringen.

S. 19, Z. 11 v. u.: „**Er kennt die Flutzeit gut.**" — Er

sorgt dafür, daß die Flut, die ihm Vortheil bringt, nach seiner Seite gelenkt wird.

S. 21, Z. 7 v. o.: „O Freude, die schon wieder fort muß, ehe sie noch geboren ist" — wird durch das Folgende erklärt: ehe noch die Freude sich (in den Augen) zeigen kann, wird sie schon von den Thränen der Rührung verdrängt.

S. 23, Z. 3 v. o.: „Und habt mich selbst, der dies ersann, ergötzt." — Man sieht hieraus, daß Timon's Frage auf S. 21 unten: „Damen? Was wollen sie?" nur Verstellung war um die Ueberraschung seiner Gäste zu erhöhen.

S. 24, Z. 5 v. o.: „Dies Kleinod zu erhöhen" (to advance). — Dadurch, daß Ihr es zu tragen würdigt, erhöht Ihr seinen Werth. Vgl. S. 11 die Rede des Juweliers.

S. 25, Z. 20 v. o.: „Eh' ich hier überflüssig." — Before I were forced out, ehe ich durch die Gewalt der Umstände gezwungen werde, aus seinem Dienst zu gehen. Wenn Timon alles verloren hat, ist natürlich kein Verwalter seines Vermögens mehr nöthig.

S. 26, Z. 18 v. o.: „Das Feld der Ehre ... Ja, kein Aehrenfeld." — Das Wortspiel des Originals dreht sich um a pitch'd field (Feldlager) und defil'd land (schmuziges Land), auf das Sprichwort anspielend: Pitch defiles, Pech besudelt.

S. 33, Z. 12 v. u.: „Ich wollte, wir sähen euch in Korinth." — „Der Narr versteht darunter das Haus seiner Wirthin, das Bordell, welches Corinth heißt, von der Ausgelassenheit, die in dem alten griechischen Korinth herrschte. — Auf die in solchen Häusern herrschende Lustseuche spielt das doppelsinnige to scald (schuppen und brühen) an." Delius.

S. 34, Z. 14 v. o.: „Und du wurdest als ein Hund geworfen." — Apemantus wird hier, wie schon oben, in seiner Eigenschaft als Cyniker a dog geschimpft.

S. 34, Z. 14 v. u.: „Wenn Timon zu Hause bleibt", läßt Apemantus einen Narren dort, nämlich Timon, oder auch, er will dann den Narren dort lassen, weil ein Narr zum andern paßt.

S. 35, S. 16 v. o.: „Mit noch zwei andern Steinen", den Hoden.

S. 35, Z. 3 v. u.: „Ich folge nicht immer blos Verliebten, ältern Brüdern und Weibern." — Aeltern Brüdern

Anmerkungen zu „Timon von Athen".

vielleicht deshalb, weil sie als die Reichern mehr Narrheiten sich erlauben dürfen, als die jüngern. Delius' Erklärung, „wie der jüngere Bruder in einer Art Abhängigkeit von dem ältern Bruder steht", hebt das tertium comparationis mit „Verliebten" und „Weibern" auf.

S. 37, 3. 18 v. o.: „Zu einem offnen Spundloch." To a wasteful cock — einem Zapfen, der ebenso verschwenderisch überfloß wie die Augen des redlichen Verwalters.

S. 41, 3. 5 v. u.: „Hier sind drei Goldstücke für dich." — Im Original three solidares, ein von Shakespeare erfundenes Wort, an die solidi der Römer erinnernd.

S. 47, 3. 5 v. o.: „Gleich denen, die aus brünstigem Fanatismus..." — „Warburton vermuthet hier eine Anspielung auf die Puritaner der Zeit. Das verderbliche Resultat solches scheinbaren Feuereifers wird verglichen mit dem schurkischen Ergebniß des scheinbaren Freundschaftseifers dieses Sempronius. Bei dem einen wie bei dem andern ist unter solcher Gleisnerei politische Berechnung im Spiel." Delius.

S. 47, 3. 12 v. o.: „Sicher ihren Herrn zu hüten" — gegen den Andrang der Gläubiger.

S. 50, 3. 14 v. o.: „Und schlangen ihre Zinsen gierig ein", nämlich in Gestalt der Speisen an Timon's Tafel.

S. 51, 3. 1 v. u.: „All unsre Wechsel. (All our bills.) — Schlagt mich damit zu Boden." — Bills heißt sowol Wechsel als Hellebarten.

S. 52, 3. 9 v. u.: „Diese Schulden kann man wol verlorene nennen." — Das Wortspiel ist im Englischen noch schlagender, da desperate zugleich „hoffnungslos" und „wahnsinnig" bedeutet.

S. 53, 3. 10 v. o.: „So bei der Hand?" — Da Timon von allen Freunden verlassen ist, wundert er sich, daß ihm ein so treuer und aufmerksamer Diener geblieben ist.

S. 59, 3. 2 v. o.: „Nur tausend Goldstücke!" — A thousand pieces! „Nur" ist wol zu suppliren, da bei den scheinbar veränderten Umständen diese Summe den Lords sehr geringfügig erscheinen muß.

S. 61, 3. 11 v. o.: „Die Bewirthung wird auf allen Plätzen gleich sein." — „Es war zu Shakespeare's Zeit Sitte, die geringern, am untern Ende der Tafel sitzenden Gäste mit geringerer Kost zu bewirthen als die vornehmern am obern Tischende." Delius.

S. 62, 3. 8 v. o.: „Wetterhähne", minute-jacks. — „Jacks, oder eigentlich jacks of the clock, sind die an Stadt- und Thurmuhren angebrachten automatischen Figuren, welche mit ihren Bewegungen, namentlich durch ein Zuschlagen des Arms, die Stunden angaben; minute-jacks sind Timon's Freunde, weil ihre Bewegungen sich nicht nach Stunden, sondern nach Minuten richten." Delius. — Die Uebersetzung konnte diese feine Schattirung nicht wiedergeben; auch das vorhergehende cap and knee slaves (Schelme, die immer gleich die Mütze ziehen und das Knie beugen) gibt eine reichere Anschauung als der gewählte deutsche Ausdruck „kratzfüß'ge Wichte".

S. 63, 3. 10 v. o.: „Statt Edelsteine gab's heut Steine nur." — Schwerlich sind unter stones die steinernen Schüsseln zu verstehen, die Timon den Gästen nachwirft. Wahrscheinlicher ist, daß in dem von Shakespeare bearbeiteten Stück statt des warmen Wassers Steine aufgetragen worden seien, wie auch in dem von Steevens erwähnten gleichzeitigen Schauspiel (die Banketscene daraus theilt Delius in der Einleitung zu seiner Timon-Ausgabe mit) Steine, die wie Artischoken bemalt waren, sich in den Schüsseln befanden. Diese selbst werden doch wol von Gold oder Silber gedacht werden müssen, um wenigstens die Augen der Gäste zu blenden und noch einmal ihre Erwartung auf „ein königliches Mahl" zu erregen. Durch ein Uebersehen ist dann die jetzt beziehungslos gewordene Schlußpointe der Scene auch in der neuen Bearbeitung stehen geblieben.

S. 64, 3. 9 v. o.: „Die Polsterkrücke." — The lin'd crutch, eine Krücke, deren Griff mit Tüchern umwickelt ist, um ihn weicher zu machen.

S. 66, 3. 3 v. o.: „In dieses Meer von Luft." — Der Diener vergleicht die weite Welt, in die sich Timon's Hausgenossen nach dem Schiffbruch seines Glücks zerstreuen müssen, mit dem Meer, in welches Scheiternde versinken, und nennt sie deshalb „ein Meer von Luft".

S. 66, 3. 12 v. u.: „Güte, die göttlich macht, schafft Menschen Pein." — For bounty, that makes gods, does still mar men, d. h. Güte, die, als das Höchste, Götter erst zu Göttern macht, richtet Menschen zu Grunde.

S. 67, 3. 15 v. o.: „Die Fütt'rung macht den einen Bruder fett, Hunger den andern schmächtig." — The brother's sides gibt nur einen matten Sinn, während Singer's Conjectur: the rother's sides trefflich in den cynischen Ton des Ganzen

Anmerkungen zu „Timon von Athen".

paſſen würde, falls rother — ein nordengliſcher Ausdruck für Hornvieh — ſich in zeitgenöſſiſchen Werken nachweiſen ließe.

S. 67, Z. 7 v. u.: „Wurzeln, du reiner Himmel!" — Timon beſchwört den Himmel bei ſeiner Reinheit, ihn Wurzeln finden zu laſſen, da Gold die Herzen verunreint.

S. 68, Z. 1 v. o.: „Reißt lebenskräft'gen Menſchen unterm Kopf das Kiſſen weg." — Die Geldgier wartet nicht, bis der, den ſie beerben will, am Sterben iſt, ſondern übt die Sitte, den Sterbenden das Kiſſen wegzuziehen, — um, nach dem Glauben, den Todeskampf zu erleichtern — an noch rüſtigen Menſchen, denen ſie nach dem Leben trachtet.

S. 68, Z. 12 v. o.: „Nun ſollſt du mir thun nach deiner wahren Art." — Mir völlig unverſtändlich. Delius erklärt: „Die Erde, welche durch die Schätze, die ſie hergibt, ſo viel Zwietracht und Unheil ſtiftet, ſoll nun das Geziemende, ihrer Natur Entſprechende thun, indem ſie das Gold wieder verbirgt." Damit aber würde ſie ja eben das ihrer wahren Art (Unheil zu ſtiften) Widerſprechende thun. Zudem kann ich damned earth nur auf das gefundene Gold beziehen.

S. 68, Z. 17 v. o.: „Du wirſt noch laufen", — eben dieſer „verfluchte Staub", der „lebendig" genannt wird, weil er nie ermüdet Verderben bringend die Welt zu durchſchweifen, wenn auch ſein jedesmaliger Beſitzer mit der Zeit durch Gicht gelähmt wird. Der Zuſammenhang der Sätze iſt ſehr locker. Delius verbindet: Ich will dich begraben, weil du ſonſt, wie ein ſtarker Dieb, entſchlüpfen würdeſt.

S. 69, Z. 12 v. o.: „Komm, laß dich küſſen." — Ich überſetze nach Staunton's Conjectur: I will but (ſtatt not) kiss thee. Phrynia's Lippen ſind der wahre Sitz der Fäulniß, die ſie den ſeinigen angewünſcht, ſodaß the rot durch den Kuß nur wieder dahin zurückkehrt, wo ſie hingehört. Immerhin gezwungen. Aber auch Delius' Erklärung: „Ich will dich nicht küſſen, denn dann, wenn ich dich küſſe, kehrt die Fäulniß zu den Lippen zurück, denen ich ſie entlehnt habe" leuchtet nicht ein. Warum ſoll er nicht wünſchen, die Fäulniß wieder los zu werden?

S. 70, Z. 15 v. o.: „Nutz' deine Brunſtzeit." Thy salt hours. — Salt hours, zugleich „würzige" und „üppige" Stunden. Auf die erſtere Bedeutung weiſt dann das folgende season the slaves, „würze die Wichte", zurück.

S. 72, Z. 14 v. u.: „Dann tragt ſechs Monde lang ganz

andre Last" (als Männer), nämlich die Folgen eurer Ausschweifungen: Krankheiten und körperlichen Verfall. Den letztern sollen sie in der Zwischenzeit zu verdecken suchen, indem sie falsche Haare anlegen und sich so dick schminken, daß ihr Gesicht von zähem Farbenschmuz starrt wie der Boden eines Pferdestalls.

S. 73, Z. 5 v. u.: „Die Menschen kränkt es täglich", wenn sie von andern Gutes sprechen hören. Aber auch wenn von sich selbst? Unklar.

S. 74, Z. 7 v. o.: „Den blinden Giftwurm." The eyeless venom'd worm. — Nach Delius die Blindschleiche (blind-worm), deren Gift auch in „Macbeth", Aufzug 4, Scene 1, angedeutet wird.

S. 74, Z. 3 v. u.: „Die Wildniß schämt sich", weil ihr alle Unnatur fremd ist.

S. 76, Z. 11 v. o.: „Wie? auch noch ein Schelm?" — Der knave (Schelm) überbietet freilich den fool (Narr); inwiefern er aber auch eine Steigerung des villain (Schurke) sein soll, ist mir unverständlich.

S. 76, Z. 6 v. u.: „Des süßen Wilds." — The sugar'd game before thee, der Genuß.

S. 77, Z. 18 v. o.:
„Apemantus.
Ich, daß ich kein verzognes Söhnchen war.
Timon.
Ich, daß ich leb' als der verlorne Sohn."
Der Doppelsinn von prodigal, „verlorener Sohn" und „Verschwender", hat sich nur annähernd wiedergeben lassen.

S. 79, Z. 2 v. o.: „Hassest du eine Mispel?" — Medlar, Mispel, gleichlautend mit meddler, Kuppler. Das Wortspiel des Originals hat umschrieben werden müssen.

S. 80, Z. 9 v. o.: „Dein geflecktes Fell würde dich zum Tode verurtheilen." The spots of thy kindred were jurors on thy life. — „Die Flecken auf dem Fell des Leoparden würden ihn als Abart seinem Blutsverwandten dem Löwen verdächtig machen und gleichsam als Mitglieder eines Geschwornengerichts über sein Leben richten, ihm den Tod durch die Gewalt des Löwen zuerkennen." Delius.

S. 82, Z. 6 v. o.: „Wegthaut mit seinem Glühn (blush). — Anspielung auf die rothe Farbe des Goldes.

Anmerkungen zu „Timon von Athen".

S. 84, Z. 6 v. o.: „**Und ihr den Henker spart**", weil ihr an den Folgen der Trunksucht sterbt.

S. 84, Z. 15 v. o.: „**Das Meer treibt Diebstahl.**" — Die seltsame Vorstellung scheint zu Grunde zu liegen, als ob der Einfluß des Meeres aus der Mondsphäre einen salzigen Thau herabziehe, durch den das Meer anschwelle.

S. 84, Z. 6 v. u.: „**Ich will ihm glauben wie einem Feinde**", von dessen Rathschlägen man immer das Gegentheil thun soll.

S. 89, Z. 16 v. u.: „**Eine Satire auf den trügerischen Schimmer des Reichthums.**" The softness of prosperity. = A soft fellow, ein Gesell, der leicht zu behandeln, zu täuschen ist. Also eigentlich: eine Satire auf die Schwäche und Betrüglichkeit des Reichthums.

S. 93, Z. 5 v. o.: „**Du bist ein Alchemist: mach' Gold daraus!**" — „Der Dichter soll mit dem Zauber der Poesie, welcher alles in Gold verwandelt, auch diese Schläge, mit denen Timon ihn wegjagt, oder vielleicht auch die Steine, mit denen er ihn wirft, in Gold verwandeln." Delius.

S. 98, Z. 1 v. u.: „**Dies les' ein Thier; denn hier lebt sonst kein Mensch.**" — „Some beast reade this" ist die Lesart der Folio, zu der ich trotz der Conjecturen von Warburton (rear'd) und Delius (made) zurückkehre, da ich sie nicht so auffasse, als ob der Soldat, im Aerger, die Inschrift selbst nicht lesen zu können, ausrufe: das mag ein Thier lesen! (etwa wie: das mag der Henker lesen) — eine allerdings gezwungene Auslegung; vielmehr scheint mir das folgende „there does not live a man" den Sinn nahe zu legen: diese Inschrift ist nur dazu da, daß Thiere sie lesen, da hier keine Menschen wohnen. Die Conjecturen geben den noch gesuchtern Sinn: dieses Grabmal muß ein Thier aufgerichtet haben, — welche Hyperbel, wenn sie auch nicht ernstlich gemeint ist, angesichts der Inschrift doch wol zu stark wäre.

www.ingramcontent.com/pod-product-compliance
Lightning Source LLC
Chambersburg PA
CBHW022143160426
43197CB00009B/1404